Istrien
Das nördliche Kroatien

Peter Hinze

Inhalt

4 **Istrien stellt sich vor**
Interessantes rund um Ihr Reiseziel

10 **Gewusst wo ...**
Die besten Tipps und Adressen der Region

12 **Übernachten**
Touristische Aufbruchstimmung mit Stil

16 **Essen und Trinken**
Die Vielfalt in den Kochtöpfen erfüllt Gourmet-Erwartungen

20 **Einkaufen**
Kunst und Kulinarisches mit Niveau

22 **Feste und Events**
Kirchliche Feiertage und weltliche Vergnügungen

24 **Sport und Strände**
Viele Strände, verschwiegene Buchten und sauberes Wasser

28 **Familientipps – Hits für Kids**
An der Küste plantschen oder auf dem Bauernhof »Pferde stehlen«

10 **MERIAN-TopTen**
Höhepunkte in Istrien, die Sie unbedingt sehen sollten
⇠ Klappe vorne

30 **Unterwegs in Istrien**
Kompakte Beschreibungen aller wichtigen Orte und Sehenswürdigkeiten mit vielen Freizeit- und Kulturtipps

32 **Poreč und der Norden**
Abends erwacht das Leben in den engen Gassen

46 **Rovinj und das Landesinnere**
Die prächtige Altstadt thront auf einem steilen Hügel

56 **MERIAN-Spezial**
Istrischer Wein

58 **Pula und der Süden**
Amphitheater, Augustustempel und wunderbare Natur

66 **Opatija und die Riviera**
Adresse für Wellness-Urlauber

74 **Die Inseln in der Kvarner Bucht**
Schroffe Küsten, einsame Strände, alte Seefahrerlegenden

Erläuterung der Symbole

Für Familien mit Kindern besonders geeignet

Diese Unterkünfte haben behindertengerechte Zimmer

In diesen Unterkünften sind Hunde erlaubt

CREDIT *Alle Kreditkarten werden akzeptiert*

Keine Kreditkarten werden akzeptiert

Preise für Übernachtungen im Doppelzimmer ohne Frühstück:

●●● *ab 75 €* ● *bis 40 €*
●● *ab 40 €*

Preise für ein Menü mit Vorspeise und Dessert, ohne Getränke:

●●●● *ab 45 €* ●● *ab 12 €*
●●● *ab 25 €* ● *bis 12 €*

90 **Routen und Touren**
Die schönsten Ausflüge und Wanderungen

92 **Das unbekannte Hinterland**
Von Poreč durchs Landesinnere
95 **Inselhüpfen im Kvarner Golf**
Unterwegs mit Schiff und Auto
97 **Buchten und Berge auf der Insel Lošinj**
Fußmarsch auf den Televrina

98 **Wissenswertes über Istrien**
Praktische Hinweise und Hintergrundinformationen

100 **Geschichte**
Jahreszahlen und Fakten im Überblick
102 **Sprachführer**
Nie wieder sprachlos
104 **Essdolmetscher**
Die wichtigsten kulinarischen Begriffe
106 **Istrien von A–Z**
Nützliche Adressen und Reiseservice

115 Kartenatlas
122 Kartenregister
124 Orts- und Sachregister
128 Impressum

Karten und Pläne

Istrien .... *Umschlagkarte vorne*
Rovinj .... *Umschlagkarte hinten*
Poreč *35*
Pula *61*
Lošinj *83*
Rab *87*
Kartenatlas *115–119*

Die Buchstaben-Zahlen-Kombinationen im Text verweisen auf die Planquadrate der Karten, z. B.
⇢ S. 119, F 20 Kartenatlas
⇢ S. 83, b 2 Detailkarte innen oder Umschlagkarte hinten

10 **MERIAN-Tipps**
Tipps und Empfehlungen für Kenner und Individualisten
Klappe hinten ⇢

Istrien stellt sich vor

Eine Region zwischen Abgeschiedenheit und Massentourismus: der alte, noch immer beschauliche Hafen von Lovran nahe Opatija.

Romantische Altstädte und stille Bergdörfer, lebhafte Strände und einsame Buchten – dazu Badespaß für die ganze Familie und kulinarische Höhepunkte: Istrien bietet die mediterrane Vielfalt des Südens!

Istrien – das war früher ein begehrtes Ziel seefahrender Entdecker: Illyrer, Römer, Venezianer... Sie alle schätzten die mediterranen Gestade. Die Zeiten haben sich geändert, die Faszination ist geblieben: Heute ist Istrien das liebste Urlaubsziel für Tausende Deutsche, Österreicher oder Italiener. Sie kommen zur Erholung, nicht zur Eroberung – und profitieren von der jahrhundertealten Weltoffenheit der Menschen zwischen Umag und Pula, zwischen Buzet und den Inseln der Kvarner Bucht.

Überall ist der Urlauber herzlich willkommen – und es bleibt nicht nur bei Worten, sondern die Menschen zeigen selbstverständliche Gastfreundschaft: Die Flasche Wein teilt man mit den Gästen. Traditionen wurden – trotz Tourismus – bewahrt; auf den Volksfesten und Bauernmärkten im Landesinneren werden sie zu neuem Leben erweckt.

Dazu hat sich die Region für das Neue geöffnet: Der Tourismus an der Küste erreicht immer häufiger internationalen Standard. So wurden in den Siebziger- und Achtzigerjahren vor allem die Adriaorte Umag, Novigrad, Poreč und Rovinj zu Urlauberzentren ausgebaut.

In den Jahren zwischen 1990 und 1993 sind die Gäste aufgrund der Kriegshandlungen auf dem Gebiet des ehemaligen Jugoslawien ausgeblieben. Mit Kroatien – das an den oftmals brutalen Kämpfen aktiv beteiligt war – verbanden immer weniger Urlauber »unbeschwerte Ferien«. Auch im Landesteil Istrien kam der Besucherstrom fast völlig zum Erliegen, obwohl das Gebiet vom Krieg verschont blieb. Die Menschen in diesem Landstrich haben jedoch immer versucht, ihr eigenes Leben unabhängig von den Regierungen in Belgrad (früher) und Zagreb (heute) zu leben.

Im Januar 1992 wurde Kroatien von vielen Staaten völkerrechtlich anerkannt, und ab 1994 änderte sich das Bild: Der einstige Urlaubsklassiker für viele mitteleuropäische Sommerbesucher startete zum Comeback, der jahrelang selbstverständliche Massentourismus hielt erstmals wieder Einzug.

Krieg und völkerrechtliche Anerkennung

Die Rückkehr auf die weltpolitische Bühne und die neuerliche Anerkennung in der internationalen Staatengemeinschaft führten in Kroatien zu einem gestärkten Selbstbewusstsein. Auch sportliche Erfolge – wie etwa im Tennis oder im Fußball – trugen dazu bei. Für viele Kroaten bildete der Tod des langjährigen Staatspräsidenten Franjo Tudjman – er starb im Dezember 1999 im Alter von 77 Jahren – den endgültigen Bruch mit der jugoslawisch geprägten Vergangenheit: Neue Hoffnungen auf ein stärkeres Bekenntnis zur Demokratie sowie das Versprechen, Kroatien enger an Westeuropa zu binden, führten vor allem in den letzten Jahren zu einem dringend benötigten Imagewandel des gesamten Landes.

Inzwischen ist Istrien auf die touristische Europakarte zurückgekehrt: Vor allem deutsche Urlauber haben Kroatien als Reiseziel wieder entdeckt. Im Jahr 2004 war Kroatien erneut einer der europäischen Reisegewinner. Während anderswo die Urlauberzahlen einbrachen, verzeichnete das Land ein deutliches Plus. Die Zahl der deutschen Besucher, mit 1,4 Millionen Gästen die weitaus größte Besuchergruppe, nahm weiter zu.

Von diesem Nachfrageschub profitiert vor allem Istrien, wo ca. 65 Prozent der deutschen Kroatien-Gäste ihren Urlaub verbringen. Die Vorteile liegen auf der Hand: eine mittlerweile problemlose Anreise mit dem Auto, eine hervorragende touristische Infrastruktur, und zudem wird fast überall

Deutsch verstanden und gesprochen. Die Region bietet herrliche Strände, sauberes Wasser und im Hinterland abwechslungsreiche, unverbrauchte Natur. Dabei kommen FKK-Sonnenanbeter, die das Gebiet seit Jahrzehnten in großer Zahl schätzen, ebenso auf ihre Ferienfreude wie Wassersportler, Fahrradfahrer und Tenniscracks – und selbstverständlich historisch interessierte Besucher.

Die Naturparks, wie das Učka-Gebirge oder die Brijuni-Inseln sind Oasen der Ruhe mit Wanderwegen, herrlich gelegenen, teils einfachen Unterkünften und ungewöhnlicher Flora und Fauna.

Tourismus wurde im ehemaligen Jugoslawien lange Zeit als immer sprudelnde Quelle für Deviseneinnahmen gesehen. Aber auch hier macht sich ein neues Selbstverständnis und Qualitätsbewusstsein breit. Privates Engagement wird vorangetrieben, weil es sich wieder lohnt. Neu eröffnete Restaurants bieten den Besuchern internationale und regionale Küche auf hohem Niveau, besonders die (allerdings eher teuren) Fischgerichte verdienen gastronomische Anerkennung. Vielerorts eröffnen neue Hotels, und man kämpft mit komfortablen Zimmern, Meerwasserpools und Diskos um internationale Anerkennung.

Obwohl der einstige Urlaubsklassiker also den Anschluss wieder geschafft hat, gestalten Fehler der Vergangenheit einen wirklich glänzenden Aufstieg mancherorts schwierig. Verfallene Hotelbauten – wie beispielsweise in Poreč – belegen, dass oftmals die Besitzverhältnisse noch längst nicht endgültig geklärt sind.

Das neue Tourismus-Bewusstsein

Größtes Manko jedoch bleibt das Negativ-Image des Reiselandes: Jahrzehntelang profilierte sich die Region als Billigziel – vor allem Bustouristen aus Österreich, Deutschland oder den Ostblockstaaten bevölkern im Frühjahr und Herbst Hotels und Häfen.

Die Nebensaisons gehören in der Tat noch dieser preisbewussten Klientel. Doch auch bei ihnen setzt sich immer häufiger die Erkenntnis durch: Billig war wohl gestern!

Die Rückbesinnung auf alte Traditionen steht seit der kroatischen Unabhängigkeit im Jahr 1991 wieder hoch im Kurs.

Das Preisniveau für touristische Leistungen ist längst vergleichbar mit anderen Mittelmeeranrainern. Klingt im ersten Moment nicht gerade einladend, doch Istrien kann sich qualitativ mittlerweile mit den führenden Destinationen wie Spanien oder Italien messen. Gute Restaurants sind keine Seltenheit mehr. Selbst die Gourmet-Kritiker von Gault Millau schickten ihre Tester Richtung Rovinj und Pula. Ihre kulinarische Erkenntnis: Es tut sich was!

Dies gilt auch im Hotelbereich und unter den Winzern, die ihre Weine immer häufiger auch jenseits der kroatischen Grenzen kredenzen. Und so lässt sich der Abschied vom Billigziel wesentlich schmackhafter verschmerzen.

Dieser überaus positive Ausblick gilt für die istrische Halbinsel. Leider gibt es Ausnahmen: Auf den Inseln Krk, Cres, Lošinj und Rab sowie an der Küste rund um Crikvenica herrscht häufig noch sozialistische Tourismus-Unkultur mit mäßigen Angeboten, schlechtem Service-Niveau und horrenden Preisen. Hier fühlt sich der Gast leider nicht selten über den Tisch gezogen. MERIAN *live!* »Istrien« versucht vor allem das neue Istrien mit seiner wieder gefundenen Vielfalt in den Vordergrund zu stellen. Der Band richtet sich deshalb auch besonders an Urlauber, die sich abseits der touristischen Hochburgen bewegen wollen und die bereit sind, Neuland zu erkunden.

Hoffnung und Zukunft am Meer

Wer die politische Landkarte streng auslegt, mag Recht haben: Opatija, Rijeka, die Küste bis Crikvenica und auch die nördlichen Inseln in der Kvarner Bucht haben wenig mit der klassischen Halbinsel Istrien zu tun. Doch die Urlauber haben längst ihre eigenen Grenzen gezogen. MERIAN *live!* folgt diesem Beispiel, denn vom Festland nach Cres oder Krk überzusetzen ist ein Klassiker, ein markanter Wechsel zwischen grüner Küste und kargen Felshügeln, den sich der erstmalige Besucher nicht entgehen lassen sollte. Die Region bezieht ge-

Sonne und Wasser, so weit das Auge reicht – zum Beispiel an der Küste von Rovinj.

rade aus diesen Kontrasten einen Großteil ihrer Reize.

Aber wieder aufs Festland: Die grüne (Riviera-)Küste zwischen Rijeka und Pula ist stark besiedelt, fällt meist steil Richtung Meer ab und bietet kaum noch Platz für neue touristische Erschließungen im großen Stil. Vielmehr steht hier die Verbesserung des bestehenden Angebots im Vordergrund – vor allem in Opatija kam einiges in Bewegung. Ganz anders dagegen die derzeit touristisch besonders stark gefragte Westküste von Pula hinauf nach Umag, die sanft, häufig gesäumt von Kiesstränden verläuft.

Während die Küste oftmals überlaufen ist, zeigt das Hinterland ganz individuelle Züge: Istrien von seiner starken, ursprünglichen Seite. Zwischen weiten Weinbergen thronen uralte Dörfer auf sanften Hügeln, umgeben von melancholischer Verlassenheit. Hier geraten die hektischen Adriaufer schnell in Vergessenheit.

So faszinierend Städte wie Motovun, Pičan oder Žminj für den Besucher auch sind – die Bevölkerung kehrt ihnen mehr und mehr den Rücken. Zwar bleiben die Alten – die Jungen jedoch suchen ihr Glück meist anderswo. Immer häufiger setzen sie dabei auf die sonnenhungrigen Gäste, die hier bereits Ende des 19. Jahrhunderts ihren Einzug hielten. Die Wiener Staatsbahn brachte zu k.u.k.-Zeiten auf einer neuen Strecke wintergeplagte Österreicher nach **Opatija** und **Crikvenica**.

Mittlerweile ist der Fremdenverkehr zum wichtigsten Wirtschaftsfaktor geworden. Wohl auch, weil kaum eine andere europäische Region ihre Gäste mit mehr Sonne verwöhnt. Die Insel **Rab** wirbt mit 2500 Sonnenstunden jährlich – und hält das Versprechen mit schöner Regelmäßigkeit. Die Folge: Das Leben im Sommer spielt sich draußen ab – das gilt auch für die Besucher. Vor allem Familien mit Kindern genießen das »Outdoor«-Vergnügen: Campingferien stehen hoch im Kurs, und FKK-Urlaub ist hier erfunden worden – das behaupten nicht nur Einheimische.

Doch Vorsicht – generell gilt: Wer außerhalb der Hochsaison kommt, steht mit Sicherheit häufig vor verschlossenen Türen bei Restaurants, Hotels oder Sehenswürdigkeiten. Noch ist Istrien primär ein Sommerziel, Gourmets und Weinfreunde kommen hingegen immer häufiger auch im Oktober – und sind bereit, den einen oder anderen Regenschauer in Kauf zu nehmen. Daneben öffneten die ersten Wellness-Hotels ihre Pforten; Istrien ist also auf dem besten Weg, auch in diesem neuen Marktsegment aufzuholen.

Herrliche Strände – allerdings nur selten mit Sand – finden sich überall am Festland. Und wer es etwas ruhiger mag, der setzt mit einer Fähre – die nicht selten von Delfinen begleitet wird – über auf die Inseln der **Kvarner Bucht: Cres, Lošinj, Krk** oder **Rab**. Das Leben auf den Eilanden unterscheidet sich deutlich vom Festland: Überall kann man ruhige Plätze zum Entspannen finden. Dabei hatte das kriegsbedingte Ausbleiben der Besucher während der Neunzigerjahre für die Natur – so paradox es klingen mag – auch eine positive Folge: Die **Wasserqualität** an den Stränden gehört zu den besten in Europa. Vor allem bei privaten Bootskapitänen ist Istrien beliebt. In den Häfen findet sich selbst in der Hochsaison meist noch ein nächtlicher Ankerplatz.

Kroatien bietet 1778 Kilometer Adriaküste mit 1185 vorgelagerten Inseln – und Istrien ist eine der schönsten Regionen davon. »Als die Götter ihr Werk krönen wollten, schufen sie am letzten Tag aus Tränen, Sternen und dem Hauch des Meeres die Kornaten«, schrieb George Bernard Shaw über die Inselkette. Die Istrien-Urlauber von heute werden ihm Recht geben.

Gewusst wo ...

In Opatija kurte vor über 100 Jahren die k.u.k.-Hautevolee – im Hotel Kvarner-Amalia.

Nobel nächtigen? Perfekte Fünf-Gänge-Menüs bei Kerzenschein? Kitsch oder Kunst für die Lieben zu Hause? Feste feiern mit den Einheimischen? Abtauchen ins blaue Meer? In Istrien ist alles möglich.

Übernachten

Touristische Aufbruchsstimmung mit Stil vertreibt das Ambiente früherer sozialistischer Ferienkultur.

Die jüngst renovierte Nobelherberge Angelo d'Oro ist im einstigen Bischofspalais mitten in der Altstadt von Rovinj untergebracht.

Es tut sich etwas«, darf mittlerweile das Urteil über die istrische Ferienindustrie lauten, die längst zum wichtigsten Wirtschaftsfaktor der Region geworden ist. Betteten sich früher die Gäste zumeist in Hotels geprägt vom Charme post-jugoslawischer Einheitsarchitektur, so geht es seit einigen Jahren individueller und luxuriöser zu. Auch wenn die Besitztumsfrage für einige Objekte noch immer nicht geklärt ist, investieren v. a. einheimische Familien und Investoren in mittelgroße Hotels und Pensionen.

Zudem entdecken internationale Hotelkonzerne das Land. So hat die spanische Hotelgruppe Sol Meliá etwa in Umag zahlreiche Häuser übernommen. Die Anlagen wurden größtenteils komplett saniert und modernisiert. Mittlerweile garantieren die Hotels mit dem Zusatz »Sol« oder »Meliá« im Namenszug – auch wenn die Bauten aus den Sechziger- oder Siebzigerjahren stammen – eine richtige Wahl mit zumeist guter Qualität. Ein Beleg dafür: Viele deutsche Pauschalreiseveranstalter haben die Hotels im Programm. Als gelungenes Vorzeigeobjekt gilt auch die Hotelinsel **Katarina**, auf der österreichische Investoren hinter teils historischen Mauern ein 350-Betten-Haus errichtet haben.

Voll im Trend liegen auch kleinere Häuser, geführt von privaten Investoren. Gelungene Beispiele für anspruchsvolle Unterkünfte dieser Art sind das **Angelo d'Oro** in Rovinj, das **Valsabbion** in Pula oder etwa das Hotelprojekt **Lovranske Vile** bei Lovran.

Lassen Sie sich nicht durch die Kategorisierung der Hotels täuschen: Meist liegt die Qualität etwas unter dem Standard in anderen europäischen Ländern. Individualreisende sollten sich nicht über das Preisniveau wundern: Reiseveranstalter bieten die gängigen Urlauberhotels meist wesentlich günstiger an. Wer direkt an die Rezeption kommt, wird oftmals recht kräftig zur Kasse gebeten.

MERIAN-Tipp

1 Übernachten in Leuchttürmen

An der kroatischen Mittelmeerküste gibt es zahlreiche Leuchttürme. Die Regierung in Zagreb hat beschlossen, 34 Leuchttürme zu Hotels, Kasinos oder privaten Unterkünften umzubauen. In Istrien werden ein Objekt nahe Rovinj sowie auf der Insel Porer bei Pula angeboten. Bei dieser Art der Übernachtung steht allerdings das Abenteuer deutlich vor dem Komforterlebnis.

Informationen bei der Kroatischen Zentrale für Tourismus (→ S. 107).

Privatzimmer in Familienhand

An der Küste – kurz nachdem man die Grenze zu Slowenien passiert hat – liegen die Höhepunkte für Urlauber aufgereiht wie an einer Perlenkette. Erster Höhepunkt ist **Umag**, das sich verstärkt zu einer Top-Adresse für anspruchsvolle Hotelgäste mausert. Daneben sind insbesondere die Orte **Poreč** und **Rovinj** zu Hochburgen für ausländische Besucher aufgestiegen. Die Folge: Gerade in den Sommermonaten von Juni bis September findet sich hier kaum ein freies Bett. Hilfe im Notfall können manchmal allerdings Privatunterkünfte bieten, denn das Angebot ist umfangreich und gehört zu den Stärken des istrischen Fremdenverkehrs.

Privatzimmer sind landesweit noch immer der große Hoffnungsschimmer – und stets eine der besten Möglichkeiten, Land und Leute kennen zu lernen: herzliche Gastfreundschaft, Familienanschluss ohne große Berührungsängste, meist sehr gepflegte, saubere Zimmer – und wenn es mit der Verständigung mal nicht gleich klappt, findet sich immer jemand, der Deutsch spricht.

Den Vermietern merkt man ihr Bemühen um ein gutes Angebot an, und trotzdem stimmt das Preis-Leistungs-Verhältnis. Auch innerhalb der Kategorie Privatunterkünfte gibt es aber sehr unterschiedliche Qualitätsstandards, eine landesweite Qualitätskontrolle existiert nicht. Die Zimmer »mit Familienanschluss« werden meist von Touristenbüros zentral vermittelt. Oft gibt es in einem Ort verschiedene Anbieter. Es lohnt sich deshalb, bei mehreren Büros wegen Übernachtungsmöglichkeiten nachzufragen.

Gerade für Individualurlauber auf der Suche nach preiswerten Ferien lohnt die Unterkunftssuche per Internet. Alle großen Agenturen sowie viele Privatvermieter, die keiner Agentur angeschlossen sind, vermarkten hier ihre Angebote (→ S. 110).

Wer etwas mehr Privatsphäre wahren möchte, dem bietet sich in vielen Orten eine reiche Auswahl an meist gepflegten **Ferienwohnungen**. Vielfach haben die Vermieter früher im deutschsprachigen Raum gearbeitet. Ihre Ersparnisse haben sie anschließend in der Heimat investiert.

Ferienwohnungen sind gefragt

Achtung: In der Hochsaison kann es zu Engpässen im Angebot kommen, da viele Urlauber ihre Ferienwohnung bereits im Jahr zuvor reservieren. Zahlreiche Privatvermieter betreiben ihre Pension nur im Sommer und leben in der übrigen Zeit des Jahres oftmals in Zagreb oder anderen kroatischen Großstädten. Dies sollten Sie beachten, wenn Sie außerhalb der Saison telefonisch buchen wollen. Die Vermittlung von Ferienwohnungen erfolgt meist über Touristenbüros.

Urlaub auf dem Bauernhof hat in den letzten Jahren einen großen Aufschwung erlebt. Viele Höfe wurden modern ausgebaut, verfügen über eigene Apartments und bieten häufig typisch istrische Verpflegung. So wird das Backen von eigenem Brot immer beliebter. Über 120 Anbieter finden sich in einer empfehlenswerten Liste, die der Tourismusverband Istrien in München (→ S. 107) verschickt.

Die klassische Reiseform der Region ist natürlich **Campingurlaub** mit zahlreichen Anlagen. So listet der ADAC-Campingführer allein mehr als 50 Plätze auf, die sich oftmals auch speziell an FKK-Gäste richten. Das Angebot an preisgünstigen Unterkünften für Rucksackreisende ist dünn gesät. **Jugendherbergen** gibt es wenige und nur in größeren Städten. In den Ferienzeiten sind sie meist überfüllt. Info: Deutsches Jugendherbergswerk, Tel. 0 52 31/7 40 10.

Wer sich langes Suchen ersparen möchte und trotzdem nicht viel Geld ausgeben will, mietet sich am besten einen der Caravans oder Bungalows die auf Campingplätzen angeboten werden. Für jeden Istrien-Urlaub auf Backpacker-Art gilt: unbedingt ein Zelt mitnehmen. Wildes Campen ist allerdings nicht gestattet!

Die Preissymbole in diesem Reiseführer gelten für eine Übernachtung für zwei Personen im Doppelzimmer (üblicherweise mit Frühstück). In den Monaten Juli und August werden die Tarife häufig kräftig angehoben. In fast allen Touristenorten wird jeweils eine lokale **Kurtaxe** erhoben. Sie beträgt zwischen einem halben und einem Euro pro Tag und Person, teilweise ist sie bereits im Zimmerpreis enthalten. Informieren Sie sich am besten vor der ersten Übernachtung über die jeweilige Abrechnung.

100 Hotels, 35 000 Betten, gut 50 Campingplätze für etwa 140 000 Camper, 200 Häuser im grünen Istrien – die Zahlen sind imposant und zeigen die rasante Entwicklung.

Empfehlenswerte Hotels und andere Unterkünfte sind bei den Orten im Kapitel »Unterwegs in Istrien« beschrieben.

Essen und Trinken

Die Vielfalt in den istrischen Kochtöpfen erfüllt selbst die Erwartungen von Gourmets.

Olivenöl und Trüffel sind Schlager der istrischen Küche. Sie eignen sich aber auch bestens als erlesenes Mitbringsel für zu Hause.

Die wechselhafte Geschichte der Region hat auch kulinarisch ihre Spuren hinterlassen: Italiener prägten die istrische Küche mit Pizza und Nudelgerichten, die Österreicher brachten v. a. das Wiener Schnitzel und Süßspeisen wie Palatschinken mit. Bleibt noch die dritte wichtige Strömung für Küche und Teller zu erwähnen: die jugoslawische Küche (besser gesagt die dalmatinische Ausrichtung), die auch in Deutschland in den Sechziger- und Siebzigerjahren mit unzähligen »Balkan Grills« das kulinarische Bild des einstigen Vielvölkerstaates verkörpert hat.

Zwischen diesen Einflüssen muss der Besucher seinen kulinarischen Weg finden – und blieb in der Vergangenheit häufig orientierungslos im Speisesaal seines Pauschalreisehotels sitzen. Gastro-Highlights waren selten. Doch diese Zeiten sind definitiv vorbei! Viele Köche bereiten mittlerweile »den Brei« – und bringen dabei erstaunliche Leistungen, die sich auch anderswo an den Mittelmeergestaden sehen lassen könnten.

Insbesondere **Pula** hat sich mit fünf hervorragenden Restaurantadressen als Gourmet-Zentrum etabliert, **Rovinj** hat im letzten Jahr deutlich zugelegt. Selbst das »Pauschalreisezentrum« **Poreč** holte in jüngster Zeit deutlich auf. Eine gewisse Vorsicht ist aber generell geboten: Gerade in dieser Gastro-Aufbruchsstimmung kann manch hervorragende Küche unter dem Gästeansturm nicht immer ihre Qualität halten! Zudem wechseln die Trendsetter noch von Jahr zu Jahr. Deshalb empfiehlt dieser Reiseführer v. a. Gastro-Adressen, die sich bereits in den letzten Jahren einen guten Ruf erworben haben.

Ganz gleich, wo sich der Besucher aufhält: An »ćevapčići« (Röllchen aus gehacktem Fleisch, verschiedene Arten), »ražnjići« (gemischte Fleischspieße) und »pljeskavica« (die lokale Version eines Hamburgers) führt kein Weg vorbei. Die Vereinigung der drei **Fleischspezialitäten** wird landesweit unter dem wenig typischen Namen »Mixed Grill« serviert. Zubereitet werden diese Gerichte meist auf dem offenen Grill, nicht selten sichtbar für die Gäste. Dazu werden der unvermeidliche »djuveć«-Reis (mit Gemüse verfeinert und mit Paprika leicht gewürzt) oder Pommes frites serviert. Als dekorative Beilagen dürfen rohe Zwiebeln und »ajwar« nicht fehlen, ein pikantes rotes Beilagenmus, häufig aus Tomaten und Paprika.

MERIAN-Tipp

2 Olivenöl

Wenn Sie ein hochwertiges, regionales Erzeugnis suchen, dann sollten Sie Ihr Augenmerk auf das Olivenöl richten. Istrien ist hier auf dem besten Weg, wieder zu den Qualitätsproduzenten rund ums Mittelmeer vorzustoßen. Lange lag die Tradition rund ums Olivenöl brach – ähnlich wie bei den Winzern –, nun ist man um Anschluss bemüht. Mittlerweile gibt es rund ein Dutzend Ölmühlen, die sich zur den »Olivenölstraßen in Istrien« zusammengeschlossen haben. Vor allem im Norden rund um Umag, Buje und Opratalj leben alte Traditionen wieder auf. Dabei reichen die Betriebsgrößen von 30 000 Bäumen (Agrofin in Savudrija) bis zu 180 Bäumen (Dorjan Jakac in Buzet). Die meisten der über 30 Top-Produzenten bieten Besichtigungen und Direktverkauf. Die Produkte zeichnen sich durch ein sehr gutes Preis-Leistungs-Verhältnis aus. Eine kostenlose Anbieterliste bzw. Übersichtskarte vertreibt der Tourismusverband Istrien (→ S. 107). Und wer es mehr geschichtlich mag: Unter dem Amphitheater in Pula unterhält das Museum für istrische Archäologie eine Ausstellung mit dem Titel »Wein- und Olivenanbau im antiken Istrien«.

Der kulinarische Gegenpol heißt – v. a. im Herbst – **Trüffel**, auf dessen Zubereitung sich zahlreiche Restaurants im Norden der Region spezialisiert haben (→ MERIAN-Tipp, S. 38). Häufig werden dazu »fuži«, die istrische »Nudel«-Variante, gereicht: schlicht, aber geschmacklich genial. Probieren sollten Sie auf jeden Fall den lokalen, lange gereiften Schinken (»pršut«). Da mittlerweile die Nachfrage das Angebot übersteigt, gibt es starke Qualitätsunterschiede.

Urlauber der Küstenregionen erwarten natürlich **Fisch** und **Meeresfrüchte** auf der Speisekarte – und sie werden nicht enttäuscht. Überall gibt es gute Fischrestaurants, die ihr frisches Angebot zumeist in Glasvitrinen den Gästen präsentieren. Mittlerweile zum landesweiten Standard geworden ist die »Fischplatte für zwei«, die sich allerdings oft wesentlich artenreicher präsentiert als der Fang der Fischer im nahen Hafen.

Vorteil der Küste: Fischers frische Fische

Neben zahlreichen lokalen Fischarten werden Tintenfische, Krabben oder Hummer angeboten. Da die große Nachfrage in den Sommermonaten kaum befriedigt werden kann, stammen auch diese Fänge nicht immer aus heimischen Gewässern. Der Preis der Fischspezialitäten richtet sich oft nach dem Gewicht: Gehen Sie auf Nummer sicher, und fragen Sie nach dem Preis für den ganzen Fisch (nicht nur für 100 g), ansonsten können Sie eine Überraschung erleben – Fisch gehört zu den teuren Speisen, denn ein guter Teil des Fangs kommt, wie so oft am Mittelmeer, nicht aus heimischen Gewässern, die längst überfischt sind, sondern muss importiert werden.

Tradition auch beim **Dessert**: Die Österreicher haben einst Palatschinken und Strudel mitgebracht. Den Italienern verdankt man eine umfangreiche Auswahl an hervorragenden Eissorten. Den anschließenden **Kaffee** trinkt man im nördlichen Istrien eher italienisch als Cappuccino oder Espresso, während man im Süden schon einen türkischen Mokka bevorzugt, der oft aus einem langstieligen Kupferkännchen in die kleine Tasse gegossen wird. Und wer es mag, schließt das Essen am besten mit einem hochprozentigen Schnaps ab.

Im Örtchen Livade dreht sich nicht nur für Trüffelsucher alles um das »istrische Gold«.

Einer der jungen Wilden – der erfolgreiche Winzer Elido Pilato aus Vizinada.

Auch als **Weinregion** etabliert sich Istrien wieder stärker. Vorbei die Zeiten, als der Gast zum italienischen Tropfen greifen musste, um Qualität zu genießen. Die Sorten Malvasier (gut zu Fisch, Meeresfrüchten und Nudelgerichten) und Teran (zu Wild, Hähnchen, Trüffeln oder Fuži) sind traditionell weit verbreitet. Wer die jungen Winzer der Region selbst erleben möchte, sollte sich Zeit nehmen und eine der drei Weinstraßen (um Buje, Buzet oder Poreč) befahren (→ MERIAN-Spezial, S. 56).

Die Wahl des »richtigen« Restaurants

Kulinarische Qualitätsunterschiede bedingen auch die Wahl des Lokals: Im »Restoran« geht es meist bei einem eher gehobenen Preisniveau so touristisch zu wie überall in Europa. In der meist familiär geführten »Gostiona«, auch »Gostionica« genannt, kocht die Frau des Hauses meist selbst. Die Auswahl der Gerichte ist wenig umfangreich, dafür stimmen aber Qualität und Atmosphäre. Wer es noch eine Spur rustikaler mag, kehrt am besten in einer »Konoba« ein: Hier wird zum Essen nicht selten ein lokaler oder gar vom Wirt selbst gekelterter Wein angeboten.

Auf zahlreichen **Märkten** bieten die Landwirte der Region ihre Produkte direkt an. In kurzer Zeit bekommen Sie alles, was Sie für ein gutes Picknick brauchen. Besonders lohnend: verschiedener Käse, geräucherter Schinken sowie Gemüse und Obst aus eigenem Anbau. Gerade die Märkte im Landesinneren zeichnen sich durch ihr typisches Angebot aus.

Generell gilt: In der Hochsaison sind die Gaststuben oft auf Tage im Voraus ausgebucht, Reservierungen also dringend angeraten. Und seien Sie sich bewusst: Eine gutes Restaurant hat auch in Istrien seine Preise.

Empfehlenswerte Restaurants sind bei den einzelnen Orten im Kapitel »Unterwegs in Istrien« beschrieben.

Einkaufen

Genuss für die Sinne: Kunst und Kulinarisches aus der Region mit Niveau.

Der Besuch von Grožnjan, einem Dorf, das sich in den letzten Jahren den Ruf einer sehr vitalen Künstlerkolonie erworben hat, ist geradezu ein Muss.

Erinnerungen an den Urlaub für Zuhause – Mitbringsel für die Lieben daheim? Istrien machte es seinen Gästen lange Zeit nicht leicht, wenn es um die Frage nach den besten Souvenirs ging! Meist beherrschte (internationaler) Kitsch die Promenaden und Verkaufsstände in den Touristenzentren. Nur langsam entdeckten Einheimische und Urlauber, das es eine bessere Auswahl an lokalen Erinnerungen gibt.

Inzwischen lautet das Fazit: Die besten Souvenirs haben ein Haltbarkeitsdatum – es sind kulinarische Genüsse. Einige Flaschen **Wein** von den lokalen Weingütern gehören in jedes Reisegepäck (natürlich auch ideal für den Eigenbedarf!). Das Gleiche gilt für **Trüffel** oder Produkte, die mit Trüffelaroma angereichert sind. **Olivenöle** (am besten kalt gepresst) haben eine hervorragende Qualität (→ MERIAN-Tipp, S. 17).

Wer sich beim Einkauf einfach treiben und vom Angebot inspirieren lassen will, der sollte einen der zahlreichen **Märkte** (»sajam«) besuchen, die in allen Orten der Region zumindest einmal im Monat abgehalten werden. Das Angebot zielt meist auf den heimischen Markt mit Haushaltsartikeln und Bekleidung, doch lassen sich auch immer wieder Kuriositäten finden. Die lokalen Tourismusämter veröffentlichen Marktkalender mit den wichtigsten Terminen (u. a. im malerischen Motovun am dritten Montag des Monats).

An zweiter Stelle der Souvenir-Beliebtheit steht **Kunst** – hier in ihrer ganzen Spannbreite angeboten. Besonders bekannt ist Rovinj für seine Straßenmaler in den engen Altstadtgassen, wo sie v. a. während der »Grisia« jeweils in der letzten Augustwoche ihr Können zeigen. Zu diesem Anlass dürfen auch Privatpersonen ihr Talent demonstrieren. Auch die Künstlerkolonie Grožnjan beherbergt zahlreiche Künstler, die nicht nur malen, sondern auch schöne Töpfer- und Goldschmiedearbeiten anbieten. In vielen kleinen Orten im Landesinneren haben sich gute Handwerksbetriebe niedergelassen, die immer für Überraschungen gut sind. Wer den Ausflug in die »Großstadt« zum Shoppen nutzen will, wird eher enttäuscht sein: Das Angebot in Pula bietet kaum Bemerkenswertes.

Wein und Olivenöl sind die Hits

Außerdem sehr beliebt, aber nicht immer in einheimischer Qualität und bester Ausfertigung zu finden: Filigranschmuck aus Gold und Silber, der in Kroatien eine lange Tradition hat. Schön gefertigte Holzschnitzereien sind ebenso gesucht wie die allerorten angebotenen Duftkissen, gefüllt mit Lavendel oder Rosmarin. Zum abendlichen Bild auf den Straßen gehören ebenso Bäuerinnen, die gehäkelte Spitzendecken, Stickereien und Klöppelarbeiten verkaufen.

Empfehlenswerte Geschäfte und Märkte finden Sie jeweils bei den Orten im Kapitel »Unterwegs in Istrien«.

MERIAN-Tipp

3 Dutyfree-Shopping

Belohnung für sportliche Strapazen vom kroatischen Fiskus: In den Häfen gibt es Dutyfree für Segler und Motorboottouristen. Günstiger Einkauf von Zigaretten, Alkohol und Parfüm soll die Staatskassen mit Urlauberdevisen füllen. Normale »Landtouristen« haben jedoch keine Chance: Die Läden sind ausnahmslos den Wassersportlern vorbehalten. Insgesamt gibt es im istrischen Teil Kroatiens 21 Marinas. Die Anzahl im gesamten Land beträgt mittlerweile 45 Anlagen, von denen ein Teil privat gemanagt wird. Ansonsten ist der **Adriatic Croatia International Club** (ACI) verantwortlich.

Feste und Events

Kirchliche Feiertage und weltliche Vergnügungen bestimmen den Festtagskalender.

Der Karneval mit seinen ausgefallenen Maskeraden ist ein alljährliches Highlight in Rijeka. Aber auch ohne großen festlichen Anlass gilt: Getanzt wird immer gern.

Wenn in Istrien gefeiert wird, dann gibt es meist nur zwei Anlässe: Höhepunkte im Leben der einheimischen, überwiegend katholischen Bevölkerung sind die kirchlichen Feiertage; in den Sommermonaten kommt ein großes Angebot an Volksfesten, Musikfestivals und touristischen Highlights hinzu. Generell gilt: Es wird gern gefeiert – Urlauber sind herzlich willkommen! Gutes Essen und ein lokaler Wein gehören natürlich unbedingt dazu ...

Februar/März

Auch in Istrien hat der **Karneval** eine lange Tradition, die v. a. in Rijeka mit wilden Tiermasken, aber auch in anderen Orten begangen wird.

Ende April/Anfang Mai

»Vinistra« in Poreč

Die »Internationale Ausstellung des Weins und der önologischen Anlagen« bietet den besten Einblick in das Angebot istrischer Winzer; die Messe gewann zuletzt enorm an Zuspruch.
Tel. 52/40 83 39; www.promohotel.hr

Mai

»Tag des Weinkellers«

Meist am letzten Sonntag im Monat öffnen fast alle Weingüter ihre Pforten und bieten Besichtigungen, Führungen und Verköstigungen.

Juli

»Kanfanar« in Jakovlja

Mit dem Volksfest am 24. Juli ist ein bunter Ochsenmarkt verbunden.

»Meduliner Nacht« in Medulin

Fest zu Ehren des hl. Jakob am 27. Juli.

Opatija

Gleich zwei Tage (24./25. Juli) wird an den Stadtpatron, den hl. Jakob, erinnert (u. a. mit einer Prozession).

Poreč

Internationales Unterhaltungsmusikfest mit zahlreichen Konzerten.

Filmfestival in Pula

Während des gesamten Monats Juli findet eines der bekanntesten Filmfeste Kroatiens an zahlreichen Veranstaltungsorten statt; außerdem Konzerte im Amphitheater.
www.pulafilmfestival.hr

August

Bale

Am 1. Samstag im August gehen die Bewohner später ins Bett als sonst: Sie feiern die »Nacht von Bale«.

Fažana

Beim Sardinenfest zu Ehren des hl. Bernhard gibt es Fisch und Wein satt.

Novigrad

Am Ende des Monats gibt es ein Stadtfest zu Ehren des Beschützers von Novigrad, des hl. Pelasius.

Žminj

Zu Ehren des hl. Bartolo gibt es das Fest »Barulja«, dazu einen Viehmarkt.

September

Traubenfest in Buje

Die Weinproduzenten der gesamten Region treffen sich zum Traubenfest mit traditioneller Prozession und vielen guten Tropfen.

Rovinj

Der St. Eufemija-Tag ist der Schutzpatronin der Stadt gewidmet. In der Altstadt und am Hafen wird ein buntes Fest mit Umzügen und kulinarischen Spezialitäten geboten.

Westliches Istrien

Bis Ende November ist Trüffelzeit – mit Veranstaltungen und Restaurant-Events u. a. in Buzet, Livade, Vrh und Oprtalj.

November

Sošići

Am 21. November ist der Feiertag der hl. Maria – mit Musik und kulinarischen Spezialitäten.

Sport und Strände

Viele Strände, verschwiegene Buchten und sauberes Wasser: Hier geht jeder gerne »baden«!

Unterhalb des Hotels Rovinj führen einige Stufen zwischen den Felsen hindurch ins Wasser. Vom »Strand« aus genießt man ein großartiges Küstenpanorama.

Der Urlaubsalltag spielt sich in erster Linie an der Küste ab. In punkto Badespaß hat der Feriengast die Wahl zwischen hervorragend erschlossenen Stränden in den Tourismushochburgen und stillen Buchten auf den Inseln in der Kvarner Bucht, die oftmals nur mit dem Boot zu erreichen sind.

Die Wassertemperaturen an der Küste liegen in der Hochsaison zwischen 20 und 25 °C – gute Voraussetzungen zum Schwimmen, Schnorcheln und Tauchen also! Das Angebot an **Wassersportaktivitäten** ist breit gefächert. Wer internationale Sportereignisse in Istrien besucht, sollte Folgendes beachten: Die Wettkämpfe haben eine hohe nationale Bedeutung für die Menschen im jungen Staat. Bei den Veranstaltungen geht es auch um die Verteidigung und die Demonstration eines meist sehr ausgeprägten Nationalstolzes, der nach der Wiedererlangung der Unabhängigkeit im Jahre 1991 besonders zur Schau getragen wird.

Golf

Noch können Gäste nur bedingt einlochen: Die Anlage auf der Insel Brijuni liegt wunderschön, verfügt aber leider nur über neun Löcher – und ist der einzige fertig gestellte Platz. 18-Loch-Anlagen sind in Planung bzw. wie in Poreč kurz vor der Fertigstellung. Standorte für die Plätze sind Poreč (2), Umag, Rovinj, Novigrad, nahe Pula, im Hinterland bei Buzet am Pontinegra-See, in Pićan und nahe Labin. In Tar bei Lanterna gibt es bereits eine Driving Range.

Radfahren

Im Hinterland gibt es ein ausgeschildertes Radwege- und Mountainbikeroutennetz. Für sportliche Fahrer wie für Amateure gilt: Die Infrastruktur für Radler ist noch wenig entwickelt, es mangelt an Bike-Shops und speziellen Bike-Hotels – doch dafür gibt's noch richtiges Zweirad-Abenteuer.

MERIAN-Tipp

4 Radtouren

Im Frühjahr und Herbst, wenn die Temperaturen erträglicher sind, werden Radtouren durch das istrische Hinterland immer beliebter. Mittlerweile gilt die Region für den Saisonauftakt als attraktive Alternative zum häufig überlaufenen Mallorca. Zahlreiche Fremdenverkehrsämter haben sich bereits auf die sportliche Klientel eingestellt. So gibt es ausgeschilderte Routen und gutes Kartenmaterial (u.a. in Poreč, Rovinj, Vrsar oder Novigrad). Die beste Übersicht bietet der kostenlose *Bike Atlas* von Istrien Info (München). Da zumeist Landstraßen benutzt werden, es also noch an besonderen Radwegen fehlt, sollte man dem PKW- und LKW-Verkehr erhöhte Vorsicht entgegenbringen. Einige Strecken sind nicht rennradtauglich, oft ist man besser mit dem Mountainbike unterwegs.

Wer es (leistungs-)sportlich mag: Jährlich Anfang Oktober findet in Parenzana für Mountainbiker ein Etappen- bzw. Marathonrennen statt; Infos unter Tel. 0 52/45 27 97; E-Mail: denis.ivosevic@zup-istarska.tel.hr (→ MERIAN-Tipp, S. 25).

Segeln

Immer beliebter wird die istrische Küste für private Bootstouristen, die oftmals aus italienischen Gewässern einreisen oder ihr Schiff in Kroatien selbst zu Wasser lassen. Es gibt zahlreiche öffentliche Marinas. Die wichtigsten auf dem Festland sind Umag, Novigrad, Červar-Porat und Parentium (beide rund 8 km von Poreč entfernt), Rovinj, Pula, Vrsar, Veruda und Pomer (beide nahe Pula) sowie zwei Anlegestellen in Opatija. Alle Marinas verfügen über Vertäuungen, Heber, Tankstelle sowie Serviceangebote. Zahlreiche Agenturen vermieten

Kleine Pause vor dem nächsten Anstieg: Aktivurlauber haben Istrien für sich entdeckt.

Boote zum selbst steuern. Eine gute Übersicht über das Angebot von insgesamt 21 Anlagen des **Adriatic Croatia International Club** (ACI) bietet: www.aci-club.hr. Viele Marinas in der Kvarner Bucht sind auch in der Broschüre *Auf den Flügeln der Möwe* des Kvarner Tourismusverbandes beschrieben (weitere Infos → Internet, S. 110). Insbesondere deutsche Segler lassen ihre Boote in diesem Revier häufig über den Winter vor Anker liegen. Istrien sowie Dalmatien entwickeln sich dabei als Alternative zur Türkei.

Tauchen

Die Küste bei Opatija und v.a. die Inseln der Kvarner Bucht gehören zu den schönsten Tauchrevieren im Mittelmeerraum. In den letzten Jahren haben sich zahlreiche Tauchbasen (u.a. auf Cres, Lošinj und Krk) etabliert. Im Grunde kann man man das ganze Jahr über abtauchen, besonders geeignet ist jedoch der Zeitraum zwischen Mai und November. Das Schiffswrack der 1914 bei Rovinj gesunkenen »Baron Bautsch« rechnen Experten zu den 50 besten Tauchplätzen weltweit. Eine gute Übersicht über die besten Reviere bietet die Broschüre *Ein Tauchgenuss*, die beim Kvarner Tourismusverband erhältlich ist. Knapp 30 Tauchschulen listet der Tourismusverband Istrien (→ S. 107) mit Infos und Kontaktanschriften auf.

Tennis

Die bekannteren Touristenhotels verfügen inzwischen über Tenniscourts, ebenso die größeren Campingplätze. *Das* Tenniszentrum ist **Umag** mit umfangreichen Angeboten auf 16 Courts sowie einem ATP-Tournier im Juli.

Wandern

Istrien ist keine typische Wanderregion, dennoch bieten sich einige Trips: Im Landesinneren erfordert die Erkundung des bis über 1200 m hohen Gebirges **Ćićarija** gute Kondition und Ausrüstung. 30 km westlich von Rijeka liegt im Landesinneren der Nationalpark **Risnjak**. Dort führt ein markierter Wanderweg auf den 1528 m hohen Veliki Risnjak. Die **Alpinschule Innsbruck** (www.asi.at) führt diverse Reisen mit Bergwanderungen in der Region durch. Der rund 5 km lange Küstenwanderweg **Lungomare** zwischen Opatija und Lovran ist für die ganze Familie geeignet. Die für den Autoverkehr gesperrten Brijuni-Inseln lassen sich gut zu Fuß erkunden.

Wer es sportlicher mag: Kletterer treffen sich in der Schlucht **Vranjska draga** im Westen des Učka-Berges oder an einem Felshang in der Waldanlage **Zlatni rt** bei Rovinj. Und wer es besonders ausgedehnt liebt: Für die Bergsteigerroute von Rijeka (Ausschilderung RT) benötigt man knapp eine Woche, in der alle höheren Gipfel des Gebirges hinter der Riviera bestiegen werden.

Strände

Die istrischen Strände haben oftmals den Nachteil, dass man nur über Felsen oder Betonplatten zum Wasser gelangt. Plastiksandalen zum Baden und eine feste Unterlage zum Sonnen sollte man deshalb unbedingt an den Strand mitnehmen. Sandstrände sind in Istrien also selten, schöne Strandabschnitte finden sich trotzdem überall entlang der Küste: Bei Poreč lohnt das Abtauchen und Sonnen am **Zelena Laguna**, südlich von Opatija in **Medveja**, auf den Inseln vor Rovinj besonders am **Zlatni rt**. Ein schöner Sandstrand findet sich mit dem **Camp Medulin** in der Nähe des gleichnamigen Ortes, in der Bucht von Rabac, rund um **Punta Križa** auf der Insel Cres, beim Hotel Belvedere in **Vrsar**, in **Baška** auf der Insel Krk, in **Lopar** auf der Insel Rab, wo sich der fast 2 km lange Strand **Paradiso** erstreckt. Schön, aber schwer zu erreichen ist der Strand von **Lubenice** auf Cres, deshalb bevorzugen viele Cres-Besucher eher die Bucht von **Martinšćica** oder die stillen Buchten von **Beli**.

Istrien ist, wie das frühere Jugoslawien, ein ideales Ziel für FKK-Urlauber. Entlang der Küste gibt es eine Vielzahl reiner Nudistenstrände und FKK-Campingplätze. Der älteste Strandabschnitt für Nacktbader befindet sich in der Englischen Bucht auf der Insel Rab. Trotz aller Freizügigkeit: An einem Textilstrand sollte man allerdings auch in Istrien auf das Nacktbaden verzichten.

Wasserratten und Sonnenanbeter lieben Istrien: Traumstrand von Medveja.

Familientipps – Hits für Kids

An der Küste im warmen Wasser plantschen oder auf einem Bauernhof mit Papa »Pferde stehlen«.

Agrartourismus ist, wie hier bei Pazin, stark im Kommen. Schließlich ist der Bauernhof ein idealer Spielplatz für Großstadtkinder.

Während anderswo am Mittelmeer längst spezielle Kinderprogramme für die Ablenkung der Kleinen sorgen, ist in Istrien oftmals Eigeninitiative der Eltern gefragt. Natürlich sind große Touristenhotels meist gut auf Urlauber mit Kindern eingestellt. Besonders die Hotels der **Sol-Meliá-Gruppe** oder auch das Inselhotel Katarina in Rovinj (→ S. 48) bieten eine umfangreiche Kinderbetreuung an. Ein viel versprechendes Projekt entsteht in **Medulin**: Der Ort unterstützt finanziell einheimische Familien, die Familienurlaub anbieten. Schon bald wollen etwa zehn Privathäuser attraktive Angebote für Eltern mit Kindern anbieten.

Abseits der Hotelanlagen und der Strände sind Elternaktivitäten gefragt, denn noch fehlt es an Freizeit- und Unterhaltungsparks. So sind etwa die anderswo gängigen Wasserparks hier zu Lande erst auf dem Reißbrett vorhanden. Auch deshalb gehört ein Abstecher in die **Höhlen von Baredine** (www.baredine.com; im Sommer tgl. 10–17 Uhr; Eintritt 40 Kn, Kinder 25 Kn) für Gäste in der Umgebung von Poreč zu den empfehlenswerten Ausflugshöhepunkten. Wer es sportlich mag: In Umag gibt es spezielle **Tennis-Kinderkurse**, und an der gesamten Küste bieten immer mehr Tauchschulen **Schnorchel-Schnupperkurse** für Kids an. Entlang der Uferlinie existieren bisweilen gut ausgebaute **Fahrradwege**, die wegen der geringen Steigungen sehr familienfreundlich sind (→ MERIAN-Tipp, S. 25).

Entlang der Küstenstrände ist das Wasser meist nur über Felsen oder Betonplatten zu erreichen. Danach fällt die Küste oft ziemlich steil ins Meer ab. Rettungsschwimmer sind an den zahlreichen Strandabschnitten an der zerklüfteten Küste normalerweise nicht zu finden. Gefahren lauern auch im Wasser: Auf den Felsen haben sich fast überall Seeigel angesiedelt. Deshalb ist es – nicht nur für Kinder – ratsam, stets mit Plastiksandalen ins Wasser zu gehen. Spezielle rutschfeste Stoff- oder Kunststoffschuhe sind an vielen Küstenorten erhältlich.

Besser sieht es an den Stränden der **Campingplätze** aus: Hier sind die Uferbereiche meist flacher und die Gefahren durch Seeigel geringer. Nicht nur deshalb ist ein Campingaufenthalt für Kinder sicher die aufregendste Form eines Istrien-Urlaubs. Leider fehlt es in vielen Anlagen an einer guten und umfassenden Kinderbetreuung. Dafür kommen Kinder hier schnell mit Gleichaltrigen in Kontakt, und auch die Eltern schließen neue Bekanntschaften ...

Vorsicht: Die Sonnenbrandgefahr ist bei Kindern äußerst groß. In der prallen Mittagshitze sollten Sie sich mit dem Nachwuchs lieber im Schatten aufhalten. Eine Sonnencreme mit hohem Lichtschutzfaktor und Medikamente gegen Sonnenbrand gehören mit ins Urlaubsgepäck. Vorteilhaft beim Stadtbummel: Die meisten Altstädte sind zu autofreien Fußgängerzonen umgewandelt worden.

Es muss auch nicht immer die Küste sein – und die Kinder werden es Ihnen danken. Denn mittlerweile gibt es ein umfangreiches Angebot von **Ferien auf dem Bauernhof.** Dabei stellen die Anbieterverzeichnisse der Istrien-Info die kinder- und familienfreundlichen Unterkunfte besonders heraus. Wer aufs Pferd kommen möchte, sitzt auf der Ranch **Goli Vrh** (Tel. 52/73 02 07 •), 9 km von Umag entfernt, richtig im Sattel. Schloss-Ambiente bietet dagegen das Landgut **Pineta** (Tel. 52/86 50 15 •) in der Nähe von Labin. Und einen Haustierzoo kann der Nachwuchs auf dem Gehöft **Spinovci** (Tel. 52/68 34 04 •) bei Rakotole (Umgebung von Motovun) erleben. Eines haben all diese Angebote gemein: Das Landesinnere bietet zumeist (noch) preiswerten Urlaub für die ganze Familie.

Unterwegs in Istrien

Sicherer Hafen mit Charme: der malerische Ferienort Ika zwischen Opatija und Lovran.

Mit dem Auto reisen Sie am besten – obwohl es in den Sommermonaten eng wird in den Küstenorten. Die nautische Alternative: Sie kommen mit dem eigenen Boot und suchen sich Ihren Traumplatz!

Poreč und der Norden

Die Altstadt liegt tagsüber still im Sonnenlicht. Abends erwacht das Leben in den engen Gassen.

Die letzten Sonnenstrahlen tauchen die Altstadt von Poreč mit der Euphrasius-Basilika in rötliches Licht. Die schmalen Gassen erwachen jedoch zu geschäftigem Treiben.

Istrien-Urlaub von seiner klassischen Seite: tagsüber Baden an lebhaften Stränden – abends Flanieren in alten Hafenstädten. Doch Vorsicht: Erwarten Sie nicht Einsamkeit an mediterranen Gestaden! Längst hat sich die Region zwischen **Umag** und **Poreč** wieder zum beliebten Massenziel der Pauschalurlauber entwickelt. Zumal (FKK)-Urlauber nirgendwo sonst lieber die Hüllen fallen lassen.

Dagegen lassen Aktivurlauber lieber die Muskeln spielen – und steigen insbesondere im Frühjahr zu sportiven Entdeckungstouren aufs Rad. Wer dagegen Entspannung sucht, relaxt in modernen Wellness-Anlagen.

Doch auch Genießer kommen auf ihre Kosten: Im stilleren Hinterland geben die italienischen Nachbarn die Routen vor. Weingüter, Gourmet-Restaurants und Konobas, Künstlerdörfer. Sie alle machen Lust auf Mehr!

Poreč

⇢ S. 116, A 3

22 000 Einwohner
Stadtplan → S. 35

Die richtige Zeit für Poreč? – Kurz bevor die Sonne nach einem heißen Tag am Horizont versinkt. Denn jetzt können die Besucher noch in aller Stille einen Hauch vom einstigen Flair der Stadt erleben, nun gibt es noch stille Winkel. Wenn sich allerdings die Hitze des Tages zurückgezogen hat, dann werden die Gassen bald zu belebten Boulevards, die an der gesamten istrischen Mittelmeerküste ihresgleichen suchen. In Restaurants, Bars und Eisdielen gibt es nun kaum mehr einen freien Platz – Besucher sollten sich darauf einstellen.

Die meisten Urlauber kommen zu Fuß aus den nahen Touristenhotels. Wer mit dem Auto aus der Umgebung das nächtliche Poreč besucht – auch der Abstecher von Rovinj aus lohnt –, sollte auf jeden Fall den großen Parkplatz im Stadtzentrum ansteuern. Bis zum hektischen Nightlife-Treiben sind es von hier nur wenige Minuten.

Kunst und Kitsch bestimmen das Bild auf der Hauptgasse **Decumanus**, deren Kopfsteinpflaster noch immer einen Hauch von römischer Geschichte wachruft: Im 2. Jh. erlebte die damalige römische Kolonie Julia Parentium ihre erste Blütezeit. Später wechselten die Herrscher beständig: Franken, Venezianer, Österreicher. Heute hat sich der Ort, Spitzname »Pore« – ganz dem Tourismus »unterworfen«. Erst am **Trg Marafor** – einst das römische Forum – hat der Besucher Hobbymaler, selbst ernannte Scherenschnittvirtuosen, T-Shirt-Verkäufer und Postkartenhändler hinter sich gebracht. Man genießt die »Stille«, die sich auf dem Weg durch schmale Gassen Richtung Meer fortsetzt. Tagsüber lohnt ein Ausflug auf die vorgelagerte Insel **Sv. Nikola**.

Am **Hafen** entlang der Obala Maršala Tita gewinnt das hektische Treiben und die Musik erneut die Oberhand. Doch auch hier zeigt Poreč seine Stärken: Obwohl der Ort zu den touristischen Zentren Istriens gehört, hat sich die Altstadt den Charme der Vergangenheit erhalten. So ist der Blick vom Turm der **Euphrasius-Basilika** über die roten Dächer der Innenstadt im wahrsten Sinn des Wortes ein Höhepunkt. Hier kann man für einen Moment das hektische Treiben auf den Gassen vergessen. Nur leise dringen die Stimmen der Passanten und Souvenirverkäufer nach oben. Die märchenhaften byzantinischen **Mosaiken** im Inneren der Kirche sind eine Top-Sehenswürdigkeit und für die UNESCO der Anlass, die Basilika zum Weltkulturerbe zu erklären.

Mit **Plava** und **Zelena Laguna** (»Blaue und Grüne Lagune«) liegen die beiden wichtigsten Besuchermagneten in einiger Entfernung vom Altstadtkern – weit genug, um tagsüber den Charme von Poreč nicht zu zerstören, und trotzdem nah genug, um mit einem gemütlichen Spaziergang erreichbar zu sein.

Hotels/andere Unterkünfte

Kein anderer Touristenort in Istrien bietet ein vergleichbar großes Angebot an Unterkünften. Zentren sind v. a. die Ferienanlagen Plava Laguna und Zelena Laguna südlich von Poreč sowie im Norden Lanterna; man muss mit einem allgemein hohen Preisniveau rechnen.

Aparthotel Isabela ⇢ S. 35, südöstl. a 3
Idyllisch auf der Insel Sveta Nikola vor der Küste gelegen; ideal für Ruhe Suchende und Romantiker. Fährverbindung von der Altstadt aus (nahe Hotel Riviera).
Otok Sv. Nikola; Tel. 52/40 60 00, Fax 45 11 19; www.riviera.hr; 30 Betten ●●● CREDIT

Galijot ⇢ S. 35, südl. c 3
2 km südlich von Poreč im Urlauberzentrum von Plava Laguna mitten in einem Pinienwäldchen gelegen. Mit Badefelsen und Swimmingpool.
Plava Laguna; Tel. 52/41 58 00, Fax 41 58 18; www.plavalaguna.hr; 182 Betten ●●● MASTER VISA

MERIAN-Tipp

5 Kirchenkonzerte in Poreč

In den Sommermonaten werden in der Euphrasius-Basilika regelmäßig klassische Konzerte gegeben. Meist treten auch international bekannte kroatische Künstler auf. Beginn der Veranstaltungen ist gegen 21 Uhr; Eintrittskarten werden etwa eine Stunde vorher am Eingangstor zur Basilika verkauft. Wer etwas früher da ist, sollte in aller Ruhe den Kirchturm neben der Basilika emporsteigen: Der Blick über das abendliche Poreč und die Küste bei Sonnenuntergang ist die ideale Einstimmung auf den Konzertabend. ⇢ S. 35, b 1

Parentium ⇢ S. 35, südl. c 3
Hotel 5 km südlich von Poreč, Teil einer großen Anlage.
Zelena Laguna; Tel. 52/41 15 00, Fax 45 15 36; www.plavalaguna.hr; 675 Betten ●●● CREDIT

Naturist Centar Ulika ⇢ S. 35, nördl. d 1
Reiner FKK-Platz mit 2,5 km langem Strand, 7 km nördlich von Poreč gelegen. Gute sanitäre Einrichtungen (3000 Pers.); Saison: 1. Apr.–8. Okt.
Červar; Tel. 52/43 63 25 (außerhalb der Saison: Tel. 52/41 01 01, Fax 43 63 52) ● VISA

Privatunterkünfte vermittelt u. a.
Agentur Adriatic ⇢ S. 35, c 2
Trg Slobode 2 a; Tel. 52/45 26 63

Spaziergang

Wie für alle istrischen Küstenorte gilt das Motto: Lassen Sie sich treiben! In Poreč sorgt dabei der Wechsel zwischen Geschichte und Gegenwart für Faszination. Die meisten Besucher werden am großen Parkplatz vor der autofreien Altstadtzone beginnen, zumal die eigene Suche nach einem Parkplatz kaum lohnt. Am besten, man nähert sich der Stadt auf die ruhige Variante. Vom **Trg Slobode** sollte man deshalb nur wenige Schritte auf der »Hauptstraße« Decumanus entlanggehen, dann aber nach kurzer Zeit rechts in die Ulica Eufrazijeva abbiegen und mit der Besichtigung der bedeutenden **Euphrasius-Basilika** beginnen. Anschließend folgt man der Gasse weiter, und vorbei am alten Istrischen Landtag – hier befand sich früher die Franziskanerkirche Sveta Franje – gelangt man zur Obala Matka Laginje, die an der Küste entlang zum **Hafen** führt.

Gegenüber dem Hotel Riviera, das seine besten Tage längst hinter sich hat und die Rollläden herunterließ, gelangen Sie über die Ulica E. Kumičića wieder in die Vergangenheit: Am Trg Marafor sind die Überreste zweier römischer Tempel zu sehen.

Hier stehen Sie am Ende des bereits erwähnten **Decumanus**, der Sie anschließend mitten in das touristische Leben des Ortes zurückführt. Wer sich nicht auf der ganzen Länge über den lebhaften Boulevard drängen will, der kann nach kurzer Zeit am **Maximus Cardo**, der zweiten wichtigen Straße aus der Römerzeit, nach rechts abbiegen. Sie führt über den kleinen Souvenirmarkt am Trg M. Gupca wieder zum Hafen, an dem jedoch Kitsch und Plastiksouvenirs das Bild bestimmen. Beim Narodni trg am **Runden Turm** ist man bereits wieder nahe dem Ausgangspunkt. Einen kleinen Snack kann man in der gemütlichen **Konoba Aba** (M. Vlačića 2; Tel. 52/43 86 69) nahe des Ausgangspunkts des Decumanus zu sich nehmen.

SEHENSWERTES

Euphrasius-Basilika → S. 35, b 1

Das bereits im 6. Jh. errichtete Gebäude wird zu den bedeutendsten Sakralbauten der byzantinischen

Ein Blick über die roten Dächer der zauberhaften mittelalterlichen Altstadt von Poreč gehört zu den Highlights, auf die Sie bei der Stadtbesichtigung nicht verzichten sollten.

Mosaikkunst in ganz Kroatien gerechnet. Der Blick wendet sich deshalb nach oben – zumindest in der Basilika: Die farbenprächtigen **Mosaiken** erinnern frappierend an das italienische Ravenna.

Gewidmet ist der Kirchenbau der Jungfrau Maria und dem hl. Maurus, der im 3. Jh. in Poreč der Christenverfolgung zum Opfer fiel. Auf diese Zeit geht auch ein Mosaikfußboden in einem Innenhof links vom Hochaltar zurück. Wahrscheinlich stand hier einst eine römische Villa. Von der ersten Basilika, etwa aus dem Anfang des 5. Jh., sind ebenfalls nur noch einige Überreste zu sehen.

Das jetzt zu besichtigende Bauwerk geht auf eine Initiative des Bischofs Euphrasius von Poreč zurück. Auf der rechten Seite des Atriums liegt die dreischiffige Basilika mit den hervorragenden Mosaiken der Apsis. Sie zeigen u. a. in der Mitte Maria mit Kind auf einem Thron sitzend; daneben hält Bischof Euphrasius ein Modell seiner Kirche in Händen. Auf der rechten Seite erkennt man u. a. den hl. Eleutherius, dessen sterbliche Überreste in der Basilika aufgebahrt sind. Die Wand des Triumphbogens ziert die Darstellung von Christus mit je sechs Jüngern zu beiden Seiten.

Verlässt man die Basilika und orientiert sich im Atrium links, so erreicht man die **Taufkapelle** und den aus dem 16. Jh. stammenden **Glockenturm**. Seine Besteigung ist ein Muss für Poreč-Besucher und die Krönung der Besichtigung (10 Kn Eintritt).
Sv. Eleuterija

Trg Marafor ⋯› S. 35, a 1
Der Platz am Ende der Hauptgeschäftsstraße Decumanus wird umgeben von den Ruinen zweier Tempel aus römischer Zeit. Im Gassengewirr der Altstadt kann man hier eine für Poreč geradezu ungewohnte Weite erleben.

Museen

Aquarium Poreč → S. 35, b 2

24 Aquarien machen mit der Flora und Fauna der Adria vertraut.

F. Glavinica 4; Tel. 52/42 87 20; Eintritt 25 Kn, Kinder 15 Kn

Heimatmuseum → S. 35, b 1/2

Untergebracht im sehenswerten Palast Sinčić am Decumanus, bietet das Museum einen guten Einblick in Geschichte und Entwicklung der Region.

Decumanus/Ecke Ulica Eleuterija; tgl. 9–22 Uhr; Eintritt 4 Kn

Essen und Trinken

Die gute Nachricht der jüngsten Zeit: Auch Poreč hat kulinarisch deutlich aufgeholt. Die meisten Restaurants haben von 11 bis 23 Uhr durchgehend geöffnet.

Dvi Murve → S. 35, östl. d 2

Frische Fische aus der Kvarner Bucht, das maritime »Tris« als Vorspeise und eine erlesene Weinkarte. Mit 220 Plätzen ist das Lokal allerdings etwas groß geraten. 2 km vom Zentrum.

Grožnjanska 17; Tel. 52/43 41 15, Fax 83 02 03 ●●● AmEx DINERS

Sveti Nikola → S. 35, a 2

Der neue Gourmet-Aufsteiger; bekocht vom Ex-Chef des Pulaer Spitzenrestaurants Valsabbion. Cool eingerichtet – wunderbare Lage direkt am Wasser. Spitze in Poreč.

Obala Maršala Tita 23; Tel. 52/42 30 18; tgl. geöffnet ●●● CREDIT

Istra → S. 35, c 2

Fischers frische Fische – aus dem Backofen oder pikant gegart.

B. Milanovica 30; Tel. 52/43 46 36, Fax 45 14 82 ●● AmEx DINERS

Pizzeria Peterokutna Kula → S. 35, c 2

Modernes Ambiente in den alten Gemäuern des fünfeckigen Turmes. Der schönste Platz ist auf der Terrasse oberhalb des lärmenden Decumanus.

Decumanus 1/Ecke Ulica V. Nazóva; Tel. 52/45 13 78 ●●

Restaurant Barilla → S. 35, b 1

In der Nähe der Basilika: draußen am ruhigen Platz sitzen, innen eher nüchtern; istrische Küche.

Eufrazijeva 26; Tel. 52/45 27 42; tgl. geöffnet ●● CREDIT

Die herrlichen byzantinischen Mosaiken der Euphrasius-Basilika in Poreč aus dem 6. Jahrhundert erinnern stark an die Bauten des Theoderich im italienischen Ravenna.

Zlatna Ribica → S. 35, c 1
Die schlichte Einrichtung ist (zum Glück) nicht Programm für die Küche. Gute Fisch- und Meeresfrüchtegerichte (Risotto).
Nikole Tesle 21; Tel. 52/45 22 72 ●● CREDIT

Istarska Konoba → S. 35, östl. c 3
Rustikal-bodenständige Gerichte zu reellen Preisen; hausgemachte Brote. 3 km außerhalb auf dem Weg nach Žbandaj in Buići gelegen.
Buići 30; Tel. 52/46 00 20 ● CREDIT

Konoba Ulixes → S. 35, b 1
Gehobene Küche im Zentrum der Stadt; das Carpaccio mit Trüffeln als Vorspeise ist ein Genuss.
Decumanus 2; Tel. 52/45 11 32 ● DINERS MASTER VISA

MERIAN-Tipp

6 Trüffel

Die Eichenwälder im Mirna-Tal gehören zu den besten Trüffelgebieten ganz Europas. Besonders in Livade dreht sich im Herbst nahezu alles um den *Tuber magnatum*, die weiße Variante also (schwarze Trüffeln werden zumeist einige Monate früher gefunden). Offiziell finden die lokalen Sucher mit ihren Hunden »nur« fünf bis sechs Tonnen im Jahr, man geht jedoch von einer hohen Dunkelziffer aus. Die Preise für ein Kilogramm des »weißen Goldes« schwanken zwischen 450 und 1800 €. Den Zeitpunkt des Kaufs sollte man sich gut überlegen, die Ware verdirbt schnell. Kosten sollte man aber auf jeden Fall: am besten im Herbst, wenn in den Hochburgen Livade, Buzet, Motovun, Gradinje oder Oprtalj »Trüffel-Wochen« stattfinden. Vorsicht: Gehen Sie nicht selbst in die Eichenwälder – nur 1500 Einheimische haben derzeit die Lizenz zum Suchen!

Einkaufen

Enoteca per Bacco → S. 35, c 2
Gutes Angebot an lokalen Weinen und Olivenöl.
Trg Slobode 1; Tel.52/45 16 00

Am Abend

Sehr stimmungsvoll ist der Trg Marafor mit seinen diversen Cocktailbars, etwa dem **Comitium** und der Disko **No. 1**. Schön auch die Bar auf dem Dach des runden Turms am Hafen.

Casino Hotel Parentium → S. 35, südl. c 3
Wer sein Glück versuchen will, steuert das Hotel südlich von Poreč an.
Zelena Laguna; Tel. 52/41 15 00

Diskothek Capitol → S. 35, a 2
Aktuelle Top-Hits für ein überwiegend junges Publikum; direkt am Hafen.
Ab 22 Uhr

International Club → S. 35, südl. c 3
Bekannte Diskothek in Zelena Laguna, rund 5 km südlich vom Zentrum.

Service

Jachthäfen

Marina Červar Porat → S. 35, nördl. d 1
Riva Amfora 8, 52449 Červar Porat; Tel. 52/43 66 61, Fax 43 63 20; www.plavalaguna.hr; 450 Plätze; 45° 16,30' N 13° 36,04' E

Marina Parentium → S. 35, c 3
Plava Laguna, Radecona 12, 52440 Poreč; Tel. 52/45 22 10, Fax 45 22 12; www.plavalaguna.hr; 200 Plätze; 45° 12,40' N 13° 36,20' E

Tourismusverband Poreč → S. 35, d 2
Zagrebačka 9, 52440 Poreč; Tel. 52/45 14 58, Fax 45 16 65; www.istra.com/porec

Internet Café Cyberm@c → S. 35, d 2
M. Grahalića 1; Tel. 52/42 70 75; tgl. 9.30–1 Uhr

Ziele in der Umgebung

Brtonigla → S. 116, A 2

1900 Einwohner

Die Häuser der beschaulichen Ortschaft auf einem kleinen Hügel im Hinterland drängen sich um die Pfarrkirche des hl. Zenon, die im Jahr 1862 erbaut wurde. Der Glockenturm stammt jedoch noch aus dem Ende des 15. Jh. »In aller Munde« ist Brtonigla allerdings erst in den letzten Jahren gekommen: Gute Restaurants und eine Reihe bester Weingüter wie Lupi d. o. o., Cattunar Franco oder Bruno Ferneti drängen sich hier auf engstem Raum aneinander und machen den Abstecher ins Hinterland (zumeist von Umag oder Poreč aus) zu einem Höhepunkt – nicht nur für Gourmets (→ MERIAN-Spezial, S. 56).

24 km nördl. von Poreč

Hotels/andere Unterkünfte

Hotel San Rocco

Ein altes Anwesen unweit der Kirche, schön restauriert; mit Pool.

Srednja Ulica 2; Tel. 52/72 50 00, Fax 72 50 26; www.san-rocco.hr; 10 Zimmer; ●●● CREDIT

Essen und Trinken

Konoba Astarea

Schlemmen direkt am Kirchplatz. Spezialität: Lammfleisch aus der »Peka« (eine Art gusseiserne Bratpfanne).

Ronkova 6; Tel./Fax 52/77 43 84 ●● AmEx DINERS

Istarska Konoba

Eine einfache, aber gute Konoba; die Alternative zur etwas teureren »Astarea«. Oft saisonale Gerichte.

Trg. Sv. Zenona 7; Tel. 52/77 43 90; im Winter Mi geschl. ● CREDIT

Informationen

Tourismusverband Brtonigla

Glavna 3/A, 52474 Brtonigla; www.tzo-brtonigla.hr

Buje → S. 116, B 2

5300 Einwohner

Die Ursprünge des kleinen Ortes gehen etwa auf das Jahr 1000 v. Chr. zurück. Das kleine, beschauliche Zentrum ist geprägt von einigen schönen Patrizierhäusern, der Pfarrkirche Sv. Servolo und dem gotischen Palast am Stadtplatz (15. Jh.), in dessen Nähe sich zur Einkehr die Konoba **Pod Voltom** (Tel. 52/77 22 32 ●) empfiehlt. Ihre wahren Reize zeigt die Region Buje allerdings im Umland. Radrouten, Weinstraßen und zahlreiche Restaurants verleihen dieser Gegend besondere Attraktivität. Gefragt ist auch Agrotourismus. Betriebe wie **Agroturizam Kotlić** nahe Roc, **Lambada** in Senj bei Buzet (Tel. 52/66 71 47) oder auch (im etwas entfernten) **Poljanice** im gleichnamigen Dorf bei Cerovlje (Tel. 52/68 41 50) bieten nicht nur eigene landwirtschaftliche Produkte, sondern auch Weine aus lokalem Anbau, selbst gebackenes Brot und einfache Übernachtungsmöglichkeiten.

31 km nördl. von Poreč

Hotels/andere Unterkünfte

Stancija Agroturizam Volpija

Ambitioniertes Projekt mit Urlaub auf dem Bauernhof; gehobener Standard.

Volpija 3, Buje; Tel.52/77 74 25, Fax 77 74 24; www.agriturizam-volpia.com ●

Essen und Trinken

Die meisten Konobas und Restaurants liegen in kleinen Dörfern oder sind nur über Nebenstraßen zu erreichen – bringen Sie also Zeit und Geduld mit, es lohnt sich!

Konoba Malo Selo

Rustikal, in einem schönen, alten Steinhaus; an der Straße von Buje nach Portorož (Grenze); am Wochenende sehr beliebt bei Italienern.

Frantrija bb; Tel. 52/77 73 32; im Winter Mi geschl. ●● AmEx DINERS

Restaurant Marino
Am offenen Feuer dreht sich das Spanferkel; urgemütlich, perfekte Küche, perfekte Stimmung. War es ein Glas zu viel: vier Zimmer zum Übernachten.
Kremenje 96, Momjan; Tel. 52/77 90 47; www.konoba-marino-kremenje.hr; Mo geschl. ●● CREDIT

Konoba Ponte Porton
Gut nach einem Grožnjan-Ausflug.
Ponte Porton 67, Kostanjica; Tel./Fax 52/77 63 95; www.groznjan-grisignana.hr/ponte-porton ●

Konoba Rino
Rustikale Atmosphäre und deftig-bodenständige Küche.
Momjan 49, Momjan; Tel. 52/77 91 70, Fax 77 90 04; Di geschl. ● AmEx DINERS

INFORMATIONEN

Tourismusverband Buje
Itarska 2, 52460 Buje; Tel./Fax 52/77 33 53; www.tzg-buje.hr

Buzet

→ S. 116, B 2

6000 Einwohner

Unterhalb des Ćićarija-Berges thront die kleine Ortschaft auf einem Hügel. Ihre Ursprünge verweisen auf die Römerzeit. Heute legen die meisten Besucher nur einen Zwischenstopp ein. Die neuen, wahren Stärken des Landstrichs liegen im gastronomischen Bereich sowie entlang der hier verlaufenden Weinstraße (→ MERIAN-Spezial, S. 56).
52 km nordöstl. von Poreč

ESSEN UND TRINKEN

Gostiona Toklarija
Gilt zu Recht als eine der besten Konobas landesweit, untergebracht in einer Ölmühle aus dem 14. Jh. Lokale Spezialitäten; 10 km südöstl. von Buzet und schwer zu finden (kein Schild). Ohne Reservierung kein Einlass!
Sovinjsko Polje 11; Tel. 52/66 30 31; 13–22 Uhr, Di geschl. ●● CREDIT

Agroturizam Taverna Pietrapelosa
Lokale Spezialitäten; liegt etwas abseits – lohnt aber den Abstecher.
Zrenj-Stridona, Oprtalj; Tel. 52/64 40 85; nur am Wochenende geöffnet ●

Konoba Oprtalj
Idealer Dreiklang: schöne Umgebung, herrlicher Ausblick, deftige Küche.
Oprtalj; Tel. 52/64 41 30; Mo geschl. ●

INFORMATIONEN

Tourismusverband Buzet
Trg Fontana 7; 52460 Buzet; Tel./Fax 52/66 23 43; www.buzet.hr

Funtana

→ S. 116, A 3

800 Einwohner

Vor dem kleinen Ort erstreckt sich eine schöne Küste mit zahlreichen kleinen Inseln. Allerdings sind die Bausünden der Vergangenheit nicht zu übersehen. Im Zentrum ragt die Kirche des hl. Bernhard auf (1621 errichtet, 1941 umgebaut). Heute bietet sich Funtana v. a. für einen kulinarischen Stopp auf der Durchreise an.
6 km südl. von Poreč

ESSEN UND TRINKEN

Konoba Bare
Die exzellente Kalbshaxe oder Fisch aus der Peka stehen ganz oben auf der Speisekarte.
Kamenarija 4; Tel. 52/44 51 93; Mi geschl. ● CREDIT

More
Alles, was das Meer noch hergibt – frisch auf den Tisch.
A. Gasparini 3; Tel. 52/44 51 03 ●● CREDIT

Grožnjan

→ S. 116, B 2

300 Einwohner (im Sommer)

Klein, nicht ganz leicht auf der Landkarte zu finden – doch gerade deshalb: ein istrischer Höhepunkt! 3

Kunstgalerie im Grožnjan, einem kleinen Örtchen im Hinterland von Poreč.

Die einstige **Festungsanlage** der Venezianer aus dem 14. Jh. thront auf einem Hügel nahe Buje und bietet ein herrliches Panorama mit der Küste am Horizont. Die Pfarrkirche mit ihrem schlanken Turm aus dem 17. Jh., das alte Kastell sowie einige Stadtpaläste sind schnell erkundet. Klingt nicht unbedingt spektakulär – doch Grožnjan ist ein absolutes Muss jeder Istrien-Reise – auch für Familien!

Seit den 1960er Jahren haben sich etwa zwei Dutzend **Galerien** in dem Künstlerdorf angesiedelt. Die Atmosphäre an einem lauen Sommerabend ist traumhaft. In der Toskana wäre das Dorf ein die allermeiste Zeit überlaufener touristischer Renner; hier im Norden Istriens dagegen lässt sich der überaus liebevoll restaurierte Ort mit seinem nahezu perfekten mittelalterlichen Charme geradezu in aller Stille erkunden. Noch fehlt allerdings ein Spitzenrestaurant, um die Idylle komplett zu machen – doch auch dies wird sich sicherlich in nicht allzu ferner Zeit ändern.

33 km nordöstl. von Poreč

Essen und Trinken

In Grožnjan selbst ist das Angebot eher bescheiden, doch dafür bietet die Umgebung reichlich Alternativen. Insbesondere die Empfehlungen für Buje (→ S. 39) lassen sich mit einem Besuch von Grožnjan hervorragend verbinden. Ein Sonnenuntergang im Künstlerdorf und anschließend ein Glas istrischen Rotwein bei Danko und Mira, den Besitzern des **Malo Selo** in Fratrija – schöner kann man einen Urlaubstag kaum ausklingen lassen.

Dešković

Ein Hauch von Urlaub auf dem Bauernhof; nur am Wochenende (Fr–So) geöffnet – dann aber häufig ein Ausflugsziel italienischer Gäste. Abzweigung bei Portoportone Richtung Konstanjica.

Kostanjica 58; Tel. 52/77 63 15 ●

Informationen

Tourismusverband Grožnjan

Umberto Gorjan 3, 52429 Grožnjan; Tel. 52/77 61 31, Fax 72 72 11 31; www.groznjan-grisignana.hr/tz

Livade

S. 116, B 2

500 Einwohner

Unterhalb von Motovun am Beginn des Mirna-Tales gelegen bietet der kleine Ort wenig Geschichtliches, doch seit 1999 unweit von hier der mit 1,3 kg Gewicht bislang größte Trüffelpilz der Welt gefunden wurde, steht die Ortschaft ganz im Zeichen des *Tuber Magnatum Pico*. Gerade zu den Saisons im Frühjahr (schwarze Trüffel) und November (weiße Trüffel) ist für Liebhaber ein Besuch Pflicht.

33 km nordöstl. von Poreč

Essen und Trinken

Enoteka Zigante

Dieses Restaurant stieg in kurzer Zeit zu den Spitzenadressen Istriens auf. Im Herbst Reservierung ratsam.

Livade 7; Tel. 52/66 43 02; außerhalb der Saison Mi geschl.; www.zigantetartufi.com ●●●● CREDIT

Gostoina Tartuf

Klar was in dem Lokal besonders fachgerecht serviert wird: Trüffel – am besten ganz schlicht mit Pasta.

Livade 5; Tel. 52/66 41 07; 12–22 Uhr, Di geschl. ●● CREDIT

Einkaufen

Zigante Tartufi

Auch hier dreht sich alles um den Trüffel – Soßen, Öl oder frische Produkte; gutes Weinsortiment. Ein lohnender Abstecher.

Livade 7; Tel. 52/66 43 02, Fax 66 40 31; tägl. 10–18 Uhr

Motovun

S. 116, B 2

600 Einwohner

Unbedingt empfehlenswert bei einem Trip durchs Landesinnere! Im Mittelpunkt des 288 m hoch gelegenen Ortes ragt die **Pfarrkirche Sv. Stefan** auf. Oberhalb der bis zu 15 m hohen und gut erhaltenen Stadtmauer gibt es einige Cafés. Von hier aus hat man einen herrlichen Blick auf die hügelige Landschaft. Das Dorf ist für den PKW-Verkehr gesperrt. Am besten parkt man bereits auf dem ersten der nummerierten Parkplätze. Ansonsten kann es vor den engen Gassen schnell zu Rangierproblemen kommen.

In der Saison werden Besuchern auf der Straße häufig »frische« Trüffeln angeboten. Sie riechen gut, aber schmecken später bisweilen eher fade. Kenner raten vom Kauf ab, zumal

Schon von weitem sichtbar ist Motovun, das mittelalterliche Dorf auf einem Hügel. Auf einem Spaziergang entlang der mächtigen Stadtmauer lässt sich der Ort gut erkunden.

die frischen Knollen bei unsachgemäßer Lagerung schnell verderben.

Nach dem Rundgang lässt es sich im **Café Montona Gallery**, gleich hinter dem Stadttor, beim Blick auf die Umgebung und hinunter ins Mirna-Tal bestens entspannen.

28 km nordöstl. von Poreč

Hotels/andere Unterkünfte

Kaštel

Die Notlösung: berüchtigt wegen Service und Charme aus sozialistischer Zeit; leider im Ort ohne Konkurrenz.

Trg Andrea Antico 7; 52424 Motovun; Tel. 52/68 17 35, Fax 68 16 07; www.hotel-kastel-motovun.hr; 62 Betten ●● CREDIT

Tikel Agroturizam

Urlaub auf dem Bauernhof: die ländliche Wohn-Alternative in der Nähe. Urig wie bei Muttern – was auch für das Essen gilt.

Spinovci 87, Karojba; Tel./Fax 52/68 34 04; 3 Apartments ●● DINERS

Essen und Trinken

Barbacan

Wein und Trüffel in rustikal-gemütlicher Atmosphäre; am Aufstieg in den Ort nahe den Parkplätzen.

Barbakan 1; Tel./Fax 52/68 17 91; www.motovun.com ●●

Mcotic

Die Küche stimmt (Trüffeln in der Saison), dazu ein typisches Ambiente, und es werden gute Weine gereicht.

Zadrugarska 19; Tel./Fax 52/68 17 58 ●● DINERS MASTER

Novigrad

⟶ S. 116, A 2

2600 Einwohner

Entstehung und Aufstieg verdankt das antike Enomia seinem geschützten Hafen, den die Römer unter dem Namen Civitas Novum befestigten. Die Seefahrer vergangener Zeiten sind längst verschwunden, erhalten hat sich jedoch die mittelalterliche Stimmung. Das abendliche Treiben spielt sich insbesondere am Hafen und unterhalb der sehenswerten Pfarrkirche ab.

16 km nördl. von Poreč

Hotels/andere Unterkünfte

Cittar

Empfehlenswertes Familienhotel direkt in der Altstadt Novigrads.

Prolaz Venecija 1; Tel. 52/75 77 37; Fax 75 73 40; www.cittar.hr; 36 Betten ●●● CREDIT

Essen und Trinken

Damir & Ornella

Besser als in diesem unscheinbaren Restaurant kann (roher) Fisch und Pasta kaum schmecken; keine Karte, nur feste Menüs des Tages. 2004 wurde eine Gault-Millaut-Haube verliehen. Unbedingt reservieren!

Ulica Zidine 5; Tel. 52/75 81 34; Mo geschl. ●●● AmEx DINERS VISA

Giovanni

Alles was das Meer zu bieten hat plus schöner Blick; knapp einen Kilometer von der Marina entfernt.

Stanzia Rosello 30a; Tel. 52/75 71 22, Fax 75 80 85; Di geschl. ●● AmEx DINERS MASTER

Konoba Čok

Fisch und Trüffel, dazu ein gutes Angebot lokaler Weine; gute Mischung aus Einheimischen und Urlaubern.

Sv. Antona 2; Tel. 52/75 76 43 ●● AmEx DINERS MASTER

Mandrač

Spitzenküche mit lokalen Produkten.

Mandrač 6; Tel. 52/75 71 20 ●● AmEx DINERS MASTER

Am Abend

Bar Vitriol

Ideal für einen abendlichen Drink; mit Blick auf die Hafenpromenade und das Meer – Urlaubsfeeling pur.

Ribarnicka 6; Tel. 52/75 82 70 ●

SERVICE

Jachthafen

Marina Novigrad

Škverska 6, 52466 Novigrad;
Tel. 52/75 70 77, Fax 75 73 14;
www.laguna-novigrad.hr; 120 Liegeplätze
45° 19,0' N 13° 34,00' E

Tourismusverband Novigrad

Porporella 1, 52466 Novigrad; Tel./Fax 52/75 70 75; www.istra.com/novigrad

Umag

S. 116, A 2

5000 Einwohner

Der geschichtsträchtige Hafen, dessen Ursprünge in die Römerzeit zurückreichen, liegt im Norden Istriens und gehört zu den wichtigsten Touristenzentren der Region. Allerdings fehlt ihm der Charme vieler anderer Küstenorte. Sehenswert ist die auf einer Halbinsel gelegene **Altstadt**: Im Mittelpunkt stehen die Kirchen Mariä Himmelfahrt und des hl. Pelegrin.

Newcomer Wellness: Gerade in den Häusern der Sol-Gruppe steht seit kurzem ein breites Angebot zum Thema Wellness bereit. Führend ist dabei klar das Sol Umag. Mittlerweile avanciert Umag mit seinen Vier-Sterne-Häusern auch in Sachen Hotellerie zum istrischen Aushängeschild.

Einen guten Ruf haben die Weine aus den Anbaugebieten der Umgebung. Am stimmungsvollsten genießt man sie in einer der Weinstuben der Altstadt. Die wichtigen Urlauberzentren **Punta, Stella Maris** und **Katoro** liegen alle nördlich von Umag.

Im Frühjahr (und Herbst) bestimmen Tennisspieler, die zu Hunderten mit ihren Clubs Umag als Trainingsgelände nutzen, das Bild – sicherlich nicht jedermanns Geschmack.

Kleiner Trost für weniger Sportliche: Im Hotel Kristal (sicherlich kein Hort großer Gemütlichkeit) kocht Chef Sosa Marino im Restaurant **Allegro** (Tel. 52/70 00 00) ganz ausgezeichnet. Die Kochkunst hat jedoch ihren Preis ●●●. Günstigere und urige Alternative: die **Konoba Buščina**.

31 km nördl. von Poreč

MERIAN-Tipp

7 Wellness-Welle an der Küste

Die weltumspannende Wellness-Welle hat nun auch die istrische Küste erreicht. Noch sind die Anfänge zaghaft, doch mit dem steigenden Qualitätsniveau vieler Hotels verbessert sich auch das Angebot von Therapien, Massagen und Anwendungen. Besonders in Umag (Hotel Sol Umag mit sehr gutem Relaxingbereich), in Poreč (Hotel Diamant) und in Opatija (u. a. Hotel Mirarmar) lassen sich Erfolg versprechende Wellness-Anfänge genießen – damit gewinnt die herbstliche Reisezeit weiter an Attraktivität.

HOTELS/ANDERE UNTERKÜNFTE

Sol Umag

Modernes Hotel mit großem Wellness- und Badebereich; gutes Beispiel für das neue Qualitätsbewusstsein der istrischen Hotellerie.

Jadranska bb; Tel. 52/71 40 00, Fax 71 49 99; www.istra.com/istraturist; 560 Betten ●●●● CREDIT ♿

ESSEN UND TRINKEN

Konoba Cipi

Das Unterhaltungsprogramm im Ort ist spärlich – in dieser Konoba lässt sich aber der »Kummer« vergessen.

Donji Picudo 50; Tel. 385/52 73 00 30; www.cipi-umag.com; Mi geschl. ●● AmEx

Konoba Buščina

Die erschwingliche Gastro-Alternative 8 km östl. von Umag. Herrliches Ambiente – die Anfahrt lohnt.

Buščina 18, Marija na Krasu; Tel. 52/73 20 88, Fax 74 22 18; Di geschl. ● AmEx DINERS MASTER

Taverna Vili
Ideal während eines Ausflugs zur Nordwestspitze Istriens.
Savudrijska cesta bb, 8 km nördl. von Umag; Tel. 385/52 75 21 45 ● CREDIT

SERVICE
Jachthafen
Marina ACI Umag
Vladimira Gortana 7; Tel. 52/74 10 66, Fax 74 11 66; 550 Liegeplätze; 45° 26,02' N 13° 31,00' E

Tourismusverband Umag
Trgovačka 6, Postfach 79, 52470 Umag; Tel. 52/74 13 63, Fax 74 16 49; www.istra.com/umag

Vrsar

→ S. 116, A 3

1700 Einwohner

In der Antike wurde der Ort unter dem Namen Ursera bekannt. Auf dem Berg über dem Ort liegt die Pfarrkirche des hl. Martin, die man mit mediterraner Gemütlichkeit errichtete: Die Bauzeit erstreckte sich von 1804 bis ins Jahr 1935 – und der Glockenturm wurde erst vor kurzer Zeit fertig gestellt. Unweit davon befinden sich die Überreste des ehemaligen Kastells, einst der Bischofssitz. An den engen Gassen liegen außerdem einige schöne alte Häuser. Früher konnte man durch zahlreiche Tore in die Stadt gehen. Heute sind von diesem Stück Geschichte nur das kleine Tor und das Hauptstadttor erhalten geblieben, in dessen Nachbarschaft auch die Kirche der hl. Foska liegt.

Die neue, wesentlich vergrößerte Marina hat Vrsar einen weiteren Zulauf gebracht – zumal hier die Liegegebühren etwas günstiger sind als in den bekannteren Nachbarorten. Für junge Leute ist das Angebot eher spärlich. Leider hat auch das bislang beste Restaurant am Hafen, **Kod Ilva** (Obala M. Tita 1a; Tel. 52/44 51 97), angebaut und so viel seines ursprünglichen Charmes verloren. Dagegen

Auf der Kuppe einer Landzunge erhebt sich Vrsar, das auch als Hochburg des istrischen Marmors bekannt ist.

gehört die Konoba **Petra** (Tel. 52/44 23 66; außerhalb von Vrsar und etwas schwer zu finden; zuvor besser kurz anrufen – man spricht Deutsch) zu den lohnenden Gewinnern.
10 km südl. von Poreč

ESSEN UND TRINKEN
Trošt
Ein sicherer und zuverlässiger Tipp im Ortskern.
Obala Maršala Tita 1a; Tel. 52/44 51 97 ●●

SERVICE
Jachthafen
Marina Vrsar
Obala M. Tita 1a; 52450 Vrsar; Tel. 52/44 10 64, Fax 44 18 42; 220 Liegeplätze; 45° 09' N 13° 36' E

Tourismusverband Vrsar
R. Končara 46, 52450 Vrsar; Tel./Fax 52/44 11 87; www.istra.com/vsar

Rovinj und das Landesinnere

Die Altstadt thront auf einem steilen Hügel und vor der Küste warten Inseln mit herrlichen Stränden.

Unwiderstehlich: Die Altstadt von Rovinj hat italienisches Flair. Der Glockenturm der Kirche Sv. Eufemija, der sich über der Stadtkulisse erhebt, ist der höchste Istriens.

Das Meer, der Hafen, die Bar, der Wein – **Rovinj** mit seiner herrlichen Altstadt bietet die schönste Symbiose für das Urlaubsglück. Dazu Restaurants mit Hauben-Ehren. Kein Zweifel: Die Zeiten haben sich geändert – hier zeigt sich das neue Gesicht des istrischen Tourismus.

Und auch das Landesinnere muss sich längst nicht mehr hinter Hügeln und Weinreben verstecken: Zur guten Küche gibt es immer häufiger auch einen guten Tropfen. Für viele Gäste ist der Weg »nach Hause« dabei gar nicht weit: Ferien im Landhaus gehört zu den attraktiven Highlights der Region, die v. a. Familien mit Kindern fasziniert.

Rovinj

→ S. 116, B 4

20 000 Einwohner
Stadtplan → Klappe hinten

Ein Hauch Italien umgibt die **Altstadt** von Rovinj. Steil führen die schmalen Gassen hinauf zur 4 **Kirche der hl. Eufemija**, deren Turm beim ersten Anblick an den Campanile im gar nicht weit entfernten Venedig erinnert. Aber es ist auch das heitere Lebensgefühl, geprägt durch zahlreiche Künstler, das Rovinj zu einem attraktiven Ziel für Urlaubsgäste macht. Kein Autolärm, kein hektisches Treiben plagt den Besucher der Altstadt, deren Ursprünge bis ins 3. Jh. zurückreichen. Die Halbinsel selbst gehört aber erst seit 230 Jahren zu Rovinj: Mitte des 18. Jh. wurde das Eiland durch einen künstlichen Damm mit dem Festland verbunden.

Gemütlich schlendert man von Galerie zu Galerie. In verschwiegenen Innenhöfen und auf schattigen Terrassen kann man Künstlern, die schon seit vielen Jahren Rovinj während der Sommermonate zu ihrer Heimat erklärt haben, bei der Arbeit zuschauen. Dazwischen laden kleine Cafés und Restaurants zum Verweilen ein, ehe der Besucher den **Kirchenhügel** erreicht. Von hier aus bietet sich nicht nur ein herrlicher Blick über die Altstadt, sondern auch auf die Küste. 22 vorgelagerte Inseln machen Rovinj zum idealen Ausgangsort für einen Boots- oder Badetrip. Aber auch ganz in der Nähe bietet sich eine gute Möglichkeit zum Baden: Unterhalb des Hotels Rovinj führen einige Stufen zwischen den Felsen hindurch ins Wasser. Eine verdiente Abkühlung nach dem kräftezehrenden Anstieg!

Da sich tagsüber viele Besucher in die schattigen Gassen unterhalb des Hügels zurückziehen, geht es am Hafen eher ruhig zu. Das ändert sich jedoch, wenn die Sonne langsam im Meer versinkt: Dann nämlich bekommt man schon bald keinen Platz mehr in den netten Cafés rund um den zentralen **Trg Maršala Tita** oder in einer der zahlreichen Eisdielen direkt am Hafenbecken.

Am stimmungsvollsten allerdings lässt sich ein lauer Sommerabend in der angesagten Bar **Valentino** (Santa Croce 28; Tel. 52/83 06 83; nur von April bis Sept. geöffnet) abrunden: Am Rande der Altstadt »thront« die Bar auf einem kleinen Felsen in der Nähe des Hafens. Während die Gäste ihren Cocktail in weißen Korbstühlen genießen, geht am Horizont die Sonne unter.

Tagsüber muss man dagegen flexibler sein, will man die besten Seiten Rovinjs kennen lernen: Die stadtnahen Strände sind meist nur über Betonplatten erreichbar – so halten sich hier die Badefreuden in Grenzen.

Zum Genuss wird allerdings die Abkühlung auf einer der 13 vorgelagerten Inseln: **Sv. Katarina** liegt zwar – direkt gegenüber dem Zentrum – zum Greifen nahe, doch schöner ist **Sv. Andrija**, die »Rote Insel«, mit dem mittelalterlichen Benediktinerkloster und der angebundenen FKK-Insel **Maškin**: Beide Ziele sind mit regelmäßig verkehrenden Fähren problemlos zu erreichen.

Der von Legenden umwobene Sarkophag der hl. Euphemia in der gleichnamigen Pfarrkirche von Rovinj.

Seit einiger Zeit hat der Stadtrat das Verkehrsproblem in den Griff bekommen; Privatfahrzeuge sind im Zentrum nicht mehr gestattet. Tagesbesucher müssen am Hafen vor der Stadt parken, für Hotelgäste gibt es einen Shuttleservice. Ein richtiger Schritt, denn inzwischen wirkt Rovinj deutlich ruhiger und angenehmer.

Kaum ein Platz findet sich dagegen an den lokalen »Feiertagen«: Im August lockt die **Gemäldeausstellung** entlang der Grisia und das **Rovinj-Fest**. Jährlicher Höhepunkt ist allerdings der **Tag der Schutzheiligen** am 16. Sept., der mit viel Speis und Trank unter freiem Himmel sowie einem Feuerwerk begangen wird.

Wenig touristisch erschlossen und deshalb noch stiller sind die kleineren Inseln wie **Banjol, Sturag** oder **Revera**: Wenn Sie diesen Teil des Adriatischen Meeres selbst erkunden wollen – und nicht mit einem eigenen Boot angereist sind –, dann versuchen Sie Ihr Glück im Hafen von Rovinj: Hier finden sich immer Bootsleute und Fischer, die Sie auf die Insel Ihrer Wahl hinausschippern. Der Preis ist Verhandlungssache, genauso wie der Termin für die Rückkehr.

Und wenn Sie dann wieder an Land sind, sollten Sie auf jeden Fall – entweder zu Fuß oder mit einem geliehenen Fahrrad – einen Abstecher auf die Landspitze **Zlatni rt** (»Goldkap«) unternehmen. Dieses schöne Waldgebiet gilt als eines der wichtigsten seiner Art in ganz Kroatien und bietet Natur pur zwischen weiten Kiefernwäldern, Steineichen, Zypressen und zahlreichen Stränden.

Natürlichkeit spielt auch nördlich von Rovinj eine Rolle: Hier befindet sich in **Valalta** eines der berühmtesten FKK-Gelände Istriens.

Hotels/andere Unterkünfte

Angelo d'Oro

⇢ Umschlagkarte hinten, südöstl. f 3

Luxushotel im alten Bischofspalais; schöner Innenhof; lohnt den Abstecher auch für einen Drink am Abend. Mit herrlicher Frühstücks-Terrasse. Abends wird es oft etwas laut, versuchen Sie deshalb ein Zimmer nach hinten zu bekommen.

Via Švalba 38–42; Tel. 52/84 05 02, Fax 84 01 11; www.rovinj.at; 7. Jan.–3. März geschl.; 46 Betten ●●● CREDIT

Istra

⇢ Umschlagkarte hinten, südl. e 6

Vor Rovinj auf der »Roten Insel« gelegen; Strände direkt am Hotel und auf der benachbarten FKK-Insel Maškin; gut für Gäste, die etwas Ruhe suchen. Regelmäßige Fährverbindungen nach Rovinj.

Sv. Andrija; Tel. 52/80 25 00, Fax 81 34 84; www.istra.com; 650 Betten ●●● CREDIT

Paradies-Hotelinsel Katarina

⇢ Umschlagkarte hinten, e 6

Herrliche Lage auf der autofreien Insel vor Rovinj; eine der besten Hotel-

anlagen Istriens in einem renovierten Schloss; sehr kinderfreundlich.
Otok Katarina bb; Tel. 52/80 41 00, Fax 80 41 11; www.hotelinsel-katarina.com; 340 Betten ●●● CREDIT

Apartments Vila Valdibora
⇢ Umschlagkarte hinten, b 4
Das alte Haus mitten in der Altstadt wurde zu Ferienwohnungen umgestaltet. Schöne Atmosphäre, aber keine Strandnähe, dafür: Blick zum ruhigen Innenhof oder auf die Stadtgasse.
Chiurco Silvano 8; Tel. 52/52 10 06; www.valdibora.com; 4 Apartments ●●

Stancija Mamu ⇢ S. 116, B 4
Herrliches Landhaus (mit Swimmingpool) im Grünen, liebevoll umgebaut; etwa 12 km östl. von Rovinj.
Kanfanar, Ort Kurili; Tel. 52/84 80 03; E-Mail: stancija.mamu@hi.hinet.hr; 10 Betten ●●

Autocamp Veštar ⇢ S. 116, B 4
Campingplatz mit etwa 3 km langem Sandstrand; 5 km vom Stadtzentrum entfernt an der Straße nach Pula.
Tel. 52/82 91 50, Fax 82 91 51; 3. April–1. Okt. geöffnet ● AmEx

Spaziergang

Bester Ausgangspunkt ist der zentrale Trg Maršala Tita direkt am **Hafen**. Hier stehen der **Rote Uhrturm** und der **Barockpalast Califfi**, in dem das Heimatmuseum untergebracht ist. Ganz in der Nähe betritt man durch das berühmte **Balbi-Tor** von 1680, einen der drei erhaltenen Stadtbögen, das Zentrum der Altstadt. Gleich auf der linken Seite schließt sich das **Rathaus** an. Die Fassade und das Atrium schmücken zahlreiche alten Wappen. Dahinter liegt der kleine Trg G. Matteottia, in dessen Nähe die Hauptgasse Grisia beginnt. Gesäumt von Galerien und Geschäften führen die Stufen hügelaufwärts, ehe Sie auf der Kuppe die Kirche **Sv. Eufemija** erreichen.

Nach der obligatorischen Besteigung des Glockenturms ist es Zeit für eine Erfrischung: sei es in einer nahen Bar oder am Meer, das Sie über die Gasse Montalbano und anschließend über die Stufen Constantini, die zum Wasser hinunterführen, erreichen. Hier folgen Sie der Svetoga Križa rund um die Halbinsel der Stadt, ehe Sie über die Ulica Vladimira Švalbe den Trg Valdibora erreichen. Gleich nebenan wird täglich ein bunter **Bauernmarkt** abgehalten: Obst und Gemüse, oftmals aus heimischem Anbau. Schließlich erreicht man den Ausgangspunkt nach wenigen Minuten über die Ulica Giuseppea Garibaldia.

Wenn Sie noch Lust und Laune haben: Die **Sv. Trojstvo** (Dreifaltigkeitskirche) stammt aus dem 13. Jh. und liegt am Trg na Lokvi, etwas außerhalb des Zentrums. Ebenfalls ein wenig abgelegener ist das **Franziskanerkloster** an der Ulica de Amicisa.

Sehenswertes

Sv. Andrija (Crveni otok/»Rote Insel«)
⇢ Umschlagkarte hinten, südl. e 6
Kultur und Badespaß in einer guten Mischung: Das Benediktinerkloster wurde im 6. Jh. gegründet und im 15. Jh. von den Franziskanern erweitert. Heute befindet sich in den alten Gemäuern ein privates Hotel. Auch wer nur zum Flanieren oder Baden mit der Fähre übersetzt, kommt voll auf seine Kosten. Der Trip ist geradezu ein »Muss«, v. a. gegen Abend; die Schiffe verkehren von 6–24 Uhr jeweils alle 15 Minuten.

Sv. Eufemija
⇢ Umschlagkarte hinten, b 5
Die Kirche der hl. Eufemija wurde im 18. Jh. auf den Überresten zweier verfallener Kirchen erbaut. Mitte des 19. Jh. erhielt der Bau sein heutiges Aussehen: Damals wurde die Frontseite im Stil des venezianischen Barock umgestaltet. Der knapp 60 m hohe **Glockenturm** aus dem 17. Jh. trägt auf seiner Spitze eine Kupferskulptur der hl. Eufemija, geschaffen von den Brüdern Vollani aus Maniago.

Im Barockpalast der Familie Califfi ist heute das Heimatmuseum mit einer archäologischen und ethnologischen Sammlung untergebracht.

Ihren Ruhm verdankt Eufemija einer Erscheinung in der Gewitternacht des 13. Juli 800: Nachdem ein Sarkophag an die Küste geschwemmt wurde, waren die Bewohner der Stadt nicht in der Lage, das ungewöhnliche Strandgut an Land zu ziehen. Da erschien die Heilige einem Jungen, der später mit zwei Seilen – und wundersamen Kräften – den Sarkophag ganz allein aus dem Meer zog. Die sterblichen Überreste Eufemijas ruhen nun im besagten Behältnis im Inneren der Kirche – und sie selbst ist längst zur wichtigsten Schutzheiligen in Rovinj und Teilen Istriens aufgestiegen.

Zlatni rt

Auch in punkto Natur bietet die Umgebung von Rovinj Sehenswertes: Das so genannte Goldkap glänzt v. a. mit seinen parkähnlichen Waldflächen. Rund 1000 verschiedene Pflanzen wachsen in dem Gebiet, darunter allein zehn Zypressenarten.

Am besten entdeckt man die Gegend mit dem Fahrrad oder bei einem Spaziergang. Starten sollten Sie im Sommer wegen der extremen Temperaturen allerdings erst in den späteren Nachmittagsstunden.

Das Gebiet ist ideal für Jogger am frühen Morgen. Wer später kommt, mietet sich ein Fahrrad am Hafen oder am Parkeingang (halber Tag ab 40 Kn; ganzer Tag ab 70 Kn) und tritt zu einer der schönsten Küsten-Radtouren der Region in die Pedale. Mittlerweile haben entlang der Route einige Cafés bzw. kleine Restaurants eröffnet. Vergessen Sie die Badesachen nicht, denn immer wieder tauchen kleine, meist felsige Strandabschnitte auf. Insgesamt ein herrlicher Tagesausflug. Und für Freeclimber gibt es unweit vom Parkeingang einen guten »Übungs«-Felsen (Infos beim Sportcenter ProMontana).

Museen

Aquarium

⇢ Umschlagkarte hinten, c 1

Seit über 100 Jahren bereits bietet sich hier ein guter Einblick in die Ar-

tenvielfalt der nördlichen Adria.
Obala G. Paliage 5; tgl. 9–20 Uhr

Heimatmuseum

⟶ Umschlagkarte hinten, c 4
Für jeden Geschmack etwas: eine Sammlung alter Meister vom 15. bis 19. Jh.; die umfangreiche Buchsammlung der Bibliothek »Stancoviciana« sowie zeitgenössische kroatische Kunst. Jedes Jahr im Juli findet hier die »Malerkolonie Rovinj« statt.
Palast Califfi/Trg Maršala Tita; tgl. 9–20 Uhr; Eintritt 4 Kn

Essen und Trinken

Rovinj beherbergt neben Pula das beste kulinarische Angebot Istriens; etliche lokale Restaurants gehören zu den Spitzenvertretern der Region.

Blue

⟶ Umschlagkarte hinten, nördl. b 1
Etwas außerhalb nördl. von Rovinj gelegen; doch der Weg lohnt: perfekte, ruhige Lage am Meer mit herrlichem Blick auf die Altstadtsilhouette in der Ferne – schöner kann der Gast kaum sitzen. Perfekter, sehr aufmerksamer Service; die Kochkunst (mit Schwerpunkt Meeresfrüchten und Fisch) wurde mit einer Haube gekrönt.
Val del Lesso 9; Tel. 52/81 12 65; Nov.–Ostern geschl. ●●● CREDIT

Restaurant Monte

⟶ Umschlagkarte hinten, d 4
Nicht nur die Lage unterhalb der Basilika ist ein Highlight; eine Haube im Guide Gault Millau, die sich das Ehepaar Dekič zu Recht »erkocht« hat.
Montalbano 75; Tel./Fax 52/83 02 03, www.monte.hr; Nov.–Mai geschl. ●●● CREDIT

Al Giannino

⟶ Umschlagkarte hinten, c 5
Gutes Essen, italienisch angehauchte Cuisine. Prominententreff direkt in der Altstadt; keine Parkplätze.
A. Ferri 38; Tel. 52/81 34 02; Mo geschl. ●● AmEx MASTER

Enoteca Al Castaldo

⟶ Umschlagkarte hinten, c 4
Einer der Orte, wo man gar nicht wieder weg möchte; urgemütlich, aber mit Stil. Hervorragende Weinauswahl; geradezu perfekt an einem kalten Herbsttag nach einer Segeltour. Istrien von seiner besten Seite!
Iza Kaserne 14 (nahe Hafen); Tel. 52/81 41 09 ●●

Torkolo

⟶ Umschlagkarte hinten, e 4
Die Lage in der Nähe des Hafens (südöstl. Seite) ist Programm: Fisch und Meeresfrüchte, dazu gute Weine.
Riccardo da Veggia bb; Tel. 52/81 56 54; im Winter Mo geschl. ●● CREDIT

Konoba Krćma

⟶ Umschlagkarte hinten, f 3
Ideal für einen kleinen Snack oder ein Glas Wein am Abend; keine große Karte, aber stimmungsvoll.
Via Svalba 34; Tel. 52/81 80 89 ●

Konoba Veli Joze

⟶ Umschlagkarte hinten, c 5
Eine lokale Wirtschaft, wie der Gast sie sich wünscht – urig, originell und mit guten deftigen Speisen.
Sv. Križa 1; Tel./Fax 52/81 63 37 ●● CREDIT

Restaurant Orca

⟶ Umschlagkarte hinten, nordöstl. f 1
Wenn einheimische Köche Essen gehen – dann gerne hier. Eher einfache Einrichtung. Etwas außerhalb gelegen.
Gripole 70; Tel./Fax 52/81 68 51; im Winter Di geschl. ●● AmEx DINERS MASTER

Agroturizam Miro

⟶ Umschlagkarte hinten, nordöstl. f 1
Eigene Produkte, Meeresspezialitäten; im Umland von Rovinj.
Monpaderno bb, Rovinj; Tel. 52/83 08 54, 98/42 14 13 ●

Einkaufen

Die **Grisia**, Istriens schönste Shopping-Meile ist eine herrliche Gasse, die vom

MERIAN-Tipp

8 Urlaub auf dem Lande

Kehren Sie der Küste den Rücken – und dann ab aufs Land, denn hier liegen die wahren, grünen Stärken der Region. Dies haben auch die Tourismusmanager erkannt: Mittlerweile gehören der Vereinigung **Agrotourismus** knapp 200 Betriebe an. Dabei reicht die Spannweite von alten Bauernhöfen, restaurierten Schlössern bis zu modernen Apartments. Selbstverpflegung ist zumeist die Regel. Teilweise gibt es Swimmingpools, und viele der Betriebe eignen sich v. a. für Familien mit Kindern. Eine Übersicht der Anbieter gibt es beim Tourismusverband Istrien. Wer über einen Reiseveranstalter buchen will, findet eine breite Palette mit 84 sehr gepflegten und teils anspruchsvoll restaurierten Häusern bei **I. D. Rivatours** (Neuhauser Str. 27, 80331 München; Tel. 0 89/23 10 00; www.idriva.de).

Hafen zur Kirche hinaufführt. Kunst (nicht selten mit einem kräftigen Hauch Kitsch) bieten hier zahlreiche lokale Künstler; es wird gemalt, geschmiedet und getöpfert. Und es gilt: Wer suchet, der findet! Lassen Sie sich treiben, auch ohne Kaufinteresse!

Piazzetta Galerie

→ Umschlagkarte hinten, b/c 4/5

Originelle Souvenirs, darunter auch die Figur der hl. Eufemija in allen Variationen.

Ulica Casale 17

Nature

→ Umschlagkarte hinten, b/c 4/5

Geschmackvolles, aber ohne den Anflug von Kitsch. Istrische Spezialitäten wie Öle und Weine.

Grisia 18 (nahe Hafen); Tel. 91/7 94 46 91

Lust auf einen Abstecher? Dann ab nach **Italien** – vielleicht auch zum Shopping. Mehrmals wöchentlich gibt es Bootsfahrten nach Venedig (ab 350 Kn; Infos: 52/43 49 33). Wirklich in der Fremde muss sich der Reisende dann trotzdem nicht fühlen, schließlich ist Venedig vornehmlich auf istrischem Holz erbaut.

Am Abend

Hotel Eden

→ Umschlagkarte hinten, östl. f 3

Abendlicher Tanz mit Livemusik – etwas für die ältere Generation. Die Alternative: das Casino im Hotel.

Luja Adamovića 66; Tel. 52/80 04 00; www.istra.com/jadranturist

Monvi

→ Umschlagkarte hinten, östl. f 3

Das Zentrum der Unterhaltung liegt knapp 2 km südöstlich der Altstadt. Zahlreiche Restaurants, Amphitheater für Livekonzerte, Diskotheken und Kabarett; das Monvi gilt als größter Treff dieser Art entlang der istrischen Adria. Hier findet sicher jeder das passende Amusement.

Ulica Luje Adamovića; Tel. 52/81 13 94

Valentino

→ Umschlagkarte hinten, südl. f 6

Romantischer Platz für den Abend: die Disko Valentino auf der Roten Insel.

Im Hotel Istra; Tel. 52/81 30 55

Zansibar

→ Umschlagkarte hinten, d 4

Am großen Hafenvorplatz gleich neben dem Tourismusbüro gelegen; Motto beim Cocktail-Schlürfen: sehen und gesehen werden. Zumeist junges Publikum; nur im Sommer geöffnet.

Obala Pina Budičin

Service

Kreuzfahrten auf einheimischen Motorseglern werden immer beliebter. Rovinj ist dabei ein idealer Ausgangshafen. Das Angebot an privat vermieteten oder über Reiseveranstalter betriebenen Booten reicht von Tagestrips bis hin zu zweiwöchigen Törns.

Beschaulicher Müßiggang und Ferienstimmung an der Hafenmole von Rovinj.

Auf den Schiffen geht es dabei in der Regel sehr leger zu. Eine große Flotte und eine sehr schöne Kombinationsreise aus Segeltörn und Wanderurlaub im Gebiet der Kvarner Inseln bietet auch der Münchner Reiseveranstalter und Kroatien-Spezialist **I. D. Riva Tours**, (Neuhauser Str. 27, 80331 München; Tel. 0 89/2 31 10 00; www.idriva.de).

Jachthafen
Marina ACI Rovinj
···> Umschlagkarte hinten, südl. f 3
Šetalište Vijeća Europe; Tel. 52/81 31 33, Fax 81 31 33; www.aci-club; 380 Liegeplätze; 45° 0,406' N 13° 38,04 E

Internet-Point a-mar.com
···> Umschlagkarte hinten, d 3
Laut wegen Videospielen und Musik, aber garantiert immer online.
Karera/Ecke Pekarska; tgl. 9–23.00 Uhr

Tourismusverband Rovinj
···> Umschlagkarte hinten, d 5
Obala Pina Budičin 12, 52210 Rovinj; Tel. 52/81 15 66 oder 81 34 69, Fax 81 60 07; www.tzgrovinj.hr

Ziele in der Umgebung

Bale
···> S. 116, B 4
1000 Einwohner

Der kleine Ort liegt im Landesinneren. Die mittelalterliche Ansiedlung zieht sich in engen Gassen über einen Hügel. Eindrucksvoll ist die Atmosphäre in der Abendstimmung. Sehenswert sind der **Palast Bembo** und die **Pfarrkirche des hl. Julian.** Am ersten Samstag im August findet die »Nacht von Bale« mit Volksmusik und Tanz statt.
14 km südwestl. von Rovinj

Essen und Trinken

Konoba Mali Bože
Wer aus Bale kommt und die Hauptstraße Richtung Meer verlassen will, sollte in Mandriol einen Halt einlegen.
Mandriol 107a; Tel. 52/52 85 05;
Mo geschl. ●

Service

Tourismusverband Bale
Trg Palih boraca 3, 52211 Bale; Tel. 52/82 42 70, Fax 82 40 45; www.bale-valle.hr

Limski Fjord S. 116, A/B 3

Etwa auf halbem Küstenweg zwischen Poreč und Rovinj gelegen, zieht sich der zum Naturschutzgebiet erklärte Fjord auf einer Länge von rund 10 km und einer Breite bis zu 500 m ins Landesinnere. Zahlreiche Fisch- und Austernzuchten haben sich in dem stillen Gewässer angesiedelt. Das Wasser ist sauber, die Bademöglichkeiten sind allerdings nicht optimal. Limski ist in den letzten Jahren sehr zum Touristenrummel verkommen: Souvenirstände und Schlangen von Ausflugsbussen beherrschen das Bild, es regiert vielerorts der Nepp. Wer mit dem Boot anreist, kann das einstige Idyll vielleicht eher erahnen.

Beliebt sind außerdem Bootstrips von Poreč und Rovinj zum Fjord. Dabei wird auch die nahe gelegene **Romualdos-Grotte** besucht. Für Privatschiffer gilt der Fjord bei Sturm als sicherer Ankerplatz. Wer mit dem Auto unterwegs ist, sollte noch den nahe gelegenen und vor langer Zeit verlassenen Ort **Dvigrad** mit seinen verfallenen Kirchen und Kapellen ansteuern.

18 km nördl. von Rovinj

Essen und Trinken

Viking

Für seine Austern und Muscheln sowie die Fischspezialitäten aus dem nahen Fjord berühmt; allerdings tagsüber wegen regem Bustourismus sehr belebt. Am besten Sie kommen, wenn die Busse wieder weg sind (abends von 18.30–23.00 Uhr geöffnet).

Limski kanal; Tel. 52/44 82 23 ●● AmEx DINERS MASTER

Pazin S. 116, C 3

9300 Einwohner

Die Kleinstadt ist Sitz des Komitats und damit das politische Zentrum Istriens. Pazin steht selten auf den Reiseplanungen der Touristen, denn moderne Bauten bestimmen das (für Istrien eher ungewohnte) Bild. Sehenswert sind trotzdem das **Kastell** und die Kirche **Sv. Nikolaus** mit einem spätgotischen Sanktuarium von 1441.

Ansonsten bezieht Pazin seine Attraktivität aus der näheren Umgebung, die reich an historischen und kulturellen Sehenswürdigkeiten ist. Allen voran **Beram**, knapp 10 km entfernt, mit der Friedhofskirche Sv. Marija na Skriljinah. Auf den rund 8 m langen Fresken sind biblische Szenen dargestellt, u. a. die Geschichte der Heiligen Drei Könige. Noch berühmter ist der so genannte »Totentanz«, der dem Betrachter deutlich zeigen soll: Vor dem Tod sind alle Menschen gleich (→ Routen und Touren, S. 94). Wer mehr Zeit hat: Lohnenswert sind auch Abstecher in die kleinen, teils vom Verfall bedrohten Dörfer Gračišće (8 km südöstl.) oder Sv. Petar u Sumi (10 km südwestl.), das von einer schönen Barockkirche und einem sehenswerten Kloster geprägt wird.

36 km nordöstl. von Rovinj

Service

Tourismusverband Pazin

Franine i Jurine 14, Postfach 3, 52000 Pazin; Tel./Fax 52/62 24 60; www.tzpazin.hr

Svetvinćenat S. 116, C 3

Nicht nur für Reisende, die zwischen Pazin und Pula unterwegs sind, lohnt hier der Stopp. Auch von Rovinj aus lässt sich der Ort und die grüne Umgebung ideal für einen Tagesausflug ansteuern. Sehenswert sind die Kirche **Sv. Marija** mit einigen Fresken aus romanischer Zeit sowie die Burg **Grimani**, im 17. Jh. von der gleichnamigen venezianischen Familie errichtet. Heute spielt sich das Leben v. a. um den schönen Stadtplatz (Placa) ab, wo sich in aller Ruhe rasten lässt. Richtig lebhaft wird es lediglich Ende Januar am Fest zu Ehren des Stadtpatrons, des hl. Vinzent, und im Spät-

sommer, wenn der Tag des Weins gefeiert (und begossen) wird.
26 km östl. von Rovinj

Service

Tourismusverband Svetvinćenat
Svetvinćenat 96; 52342 Sventvinćenat; Tel./Fax 52/56 00 05

Žminj

→ S. 116, C 3

700 Einwohner

Rund 25 km östlich von Rovinj hat sich der Ort sein mittelalterliches Flair bewahrt. Sehenswert ist die **Kirche der hl. Dreifaltigkeit** mit schönen Fresken, die Szenen aus dem Leben Christi darstellen. Die rote Erde der Umgebung hat der Landschaft den Namen »Rot-Istrien« eingebracht. Entlang der Straßen in den Wein- und Olivenbergen sieht man manchmal noch alte »kozuni« stehen, Häuschen mit kegelförmigen Dächern.

Vielleicht probieren Sie bei einem Stopp die rustikalen Spezialitäten der Region: Kartoffeln aus der Asche, dazu istrische Würste und lokalen Wein. Oder Sie kommen am letzten Samstag im August auf den Geschmack: Dann nämlich findet der sehenswerte Viehmarkt **Batulja** statt.

Ein Abstecher lohnt sich auch nach **Kanfanar** auf der Straße nach Rovinj, in dessen Umgebung sich zahlreiche schöne Landhäuser befinden, die teils von Privatbesitzern, teils von Reiseveranstaltern vermietet werden (→ MERIAN-Tipp, S. 52).
25 km östl. von Rovinj

Essen und Trinken

Agrotourismus Matohanci
Rustikale Bauernküche; viel Fleisch (Zicklein, Hühner); auch hausgemachter Käse; zwischen Rovinj und Kanfanar gelegen.
Matohanci 16; Tel. 52/84 83 94 ● ▭

Ferlin
Ein gutes Beispiel für einen gelungenen, landestypischen Agrotourismus. Bäuerliche Küche, häufig aus eigener Produktion. Südöstlich von Žminj.
Gržini 2; Tel. 52/82 35 15 ● ▭

Service

Tourismusverband Kanfanar
Trg Marka Zelca 3, 52352 Kanfanar; Tel. 52/82 50 03, Fax 82 50 44; www.cel.hr/kanfanar

Der zum Naturschutzgebiet erklärte Limski Fjord zieht sich 10 Kilometer weit ins Landesinnere hinein und ist ein beliebtes Ausflugsziel für Bustouristen.

Istrischer Wein

Die »jungen Wilden« und das Wiederauferstehen der istrischen Winzer.

Die Ursprünge sind glänzend: Bereits zur Römerzeit sprach das südliche Mittelmeer ehrfurchtsvoll vom »vinum Pucinatum« aus Istrien. Doch spätestens zu sozialistischen Zeiten war es vorbei mit Ruhm und Geschmack: Am besten, der Gast machte einen weiten Bogen um den einheimischen Rebensaft, der meist den Namen Malvazija trug und doch wenig mit der Traube gemein hatte. In Großkellereien lieferten die Winzer ihre Ernte ab – was später in die Flaschen kam, war oft wenig geneigt, den Kunden geschmacklich zu überzeugen. Der Ruf des istrischen (und kroatischen) Weins war katastrophal.

Das erstaunliche Comeback

Alles Vergangenheit! Es gilt mit den Vorurteilen aufzuräumen, denn Istriens Winzer feiern ein Comeback der Extraklasse. Die Voraussetzungen mit viel Sonne und einem geeigneten Boden sind bestens. Mittlerweile wird auf knapp 6200 Hektar Weinbau betrieben. Das größte Gebiet erstreckt sich bei Poreč und Buje. Die Gebiete um Buzet und Labin sind dagegen vergleichsweise klein.

Klassischer Weißwein ist der bereits erwähnte, aber längst »gereifte« **Malvazija** (11,5–13,5 Vol.% Alkohol), der gut zu Fisch und Meeresfrüchten passt. Das rote »Gegenstück« ist der **Teran**, der häufig wegen seiner dunkelroten Farbe als schwarz bezeichnet und gern zu Fleisch und Wild gereicht wird. Eine Besonderheit der Gegend (und für viele eine Geschmacksfrage) ist der intensiv-kräftige **Momjaner Muskat**. Weitere beliebte Sorten: Plavac, Refosco, Peljesac (Rotweine) und Maristina, Posip, Chadonny, Weißburgunder, Grauburgunder sowie Riesling (Weißweine). Insgesamt produzieren die knapp 100 Winzer rund 300 000 Hektoliter.

Drei große **Weinstraßen** ziehen sich durch Istrien. Die meisten Kellereien bieten Besichtigungen und Verköstigungen an. Es empfiehlt sich jedoch zuvor eine telefonische Terminabsprache, denn nur die Großbetriebe

sind täglich geöffnet. Obwohl die Beschilderung gut ist, sind viele Winzer nur schwer zu finden. Sie benötigen eine gute Straßenkarte – und gute Nerven, denn die Wahrscheinlichkeit, sich zu verfahren ist groß. Beachten Sie: In Kroatien besteht eine Null-Promille-Grenze für Autofahrer. Der Tourismusverband Istrien (→ S. 107) gibt eine gute Liste der Weinstraßenbetriebe kostenlos heraus.

Wer zu spät kommt, steht nicht nur vor verschlossenen Türen – sondern vielleicht auch vor leeren Kisten: Häufig sind die guten Lagen in kleineren Betrieben schnell vergriffen. Da viele Winzer erst in jüngerer Zeit in das Geschäft eingestiegen sind, ist das Ambiente dort eher schnörkellos: Die meisten der istrischen Weinkeller sind modern ausgestattet. In den Verkostungsstuben, wo nicht selten einheimischer Schinken und Bauernbrot gereicht werden, geht es aber noch eher rustikal zu. Ein »Wein-Abstecher« gehört inzwischen zum Muss für jeden Istrien-Urlauber!

Die Top-Winzer

Elido Pilato ⇢ S. 116, A 2
Hervorragende Lagen aus dem Norden der istrischen Halbinsel.
Vižinada-Lašići bei Novigrad; Tel. 52/44 62 81

Gianfranco Kozlović ⇢ S. 116, B 2
Sein Aushängeschild (auch international) ist der Muskat; schön gelegener Keller.
Momjan; Tel. 52/77 91 77

Ivica Matošević ⇢ S. 116, B 3
Kaum jemand hat sich so sehr für die neuen »jungen Wilden« unter den Winzern stark gemacht. Der Merlot ist hervorragend, der Malvazija, unter dem Namen Alba auf dem Markt, ist häufig vor der Auslieferung bereits »ausverkauft!«. Matosevic überwacht persönlich die Lese und produziert pro Jahr ca. 30 000 l. Das Gut an der Hauptstraße nahe dem Limski Fjord lässt sich leicht verfehlen!
Krunčići 2, Sv. Lovreč; Tel. 0 98/36 73 39; www.matosevic.com

Moreno Degrassi ⇢ S. 116, A 1
Vielfach ausgezeichnet; einer der bekannten Namen aus dem Nordwesten Istriens; die bevorzugten Sorten: Malvazija, Muskat, Teran; Cabernet Sauvignon, Merlot und Chardonney.
Bašanija nahe Savudrija; Tel. 52/75 98 44

Weingut Lupi ⇢ S. 116, A 2
Ein Flaggschiff unter den sieben Winzereien in der Hochburg Brtonigla.
Palih boraca 17, Brtonigla; Tel. 52/77 47 17; www.lupi.hr

Rebstöcke im Weinanbaugebiet bei Buzet.

Pula und der Süden

In der Großstadt locken Amphitheater und Augustustempel – etwas außerhalb wunderbare Natur.

Das fünftgrößte Amphitheater der Welt – die Arena von Pula. Einst fanden hier Gladiatoren-Wettkämpfe statt, heute ist sie Aufführungsort klassischer Konzerte.

Kontraste an der Küste: Die Hafenstadt **Pula** präsentiert sich lebendig und mit einem Hauch von »Großstadt«. Dazu gibt es »tiefe« Einblicke in die glorreiche Geschichte des Ortes: Am römischen Amphitheater sollte kein Urlauber vorbeikommen. Badespaß steht dagegen an den Gestaden rund um **Medulin** auf dem Programm. Hier an südlichsten Zipfel Istriens zeigt sich die Küste von ihrer schönsten Seite mit langen Stränden und herrlichen Buchten.

Wer sich dagegen mal in »Geschichte betten« will, der schippert auf die Insel **Brijuni**. Wo einst der jugoslawische Staatspräsident Josip Broz Tito Politiker aus aller Welt empfing, schreiben heute Urlauber Grüße an die Lieben daheim.

Pula

→ S. 120, B 9

60 000 Einwohner
Stadtplan → S. 61

Wer nach stillen Tagen an der istrischen Küste nach Pula kommt, muss sich erst an die Hektik gewöhnen. Lärmender Autoverkehr und betriebsame Geschäftigkeit regieren in der Hafen- und Industriestadt. Parkplätze sind eine Mangelware, ruhige Plätze zwischen Hafen, Amphitheater und Augustustempel sind eine Seltenheit. Es sei denn, man kommt am Wochenende: Dann lässt sich die geschichtsträchtige Vergangenheit Pulas wesentlich stiller genießen.

Schon vor rund 3000 Jahren wurde »Polai« das erste Mal erwähnt. Glaubt man den altgriechischen Dichtern, so landeten Seefahrer am Ende einer erfolglosen Suche nach den Argonauten als erste Siedler auf der Halbinsel. Die wechselnden Herrscher der vergangenen Jahrtausende hinterließen ihre architektonischen Spuren im Stadtbild. Insbesondere die **Bauwerke der Römer**, die seit Kaiser Augustus über Pula herrschten, sind heute so sehr zu Anziehungspunkten geworden, dass ein Abstecher nach Pula in jedes Besucherprogramm gehört. Die Attraktivität für den Fremdenverkehr hat Pula jedoch einem Venezianer zu verdanken: Gabriele Emo verhinderte Ende des 16. Jh. den Abbau und die Verschiffung des Amphitheaters nach Venedig.

Trotz der langen Geschichte Pulas: Meist reicht ein Nachmittag für den Stadtrundgang – danach sehnt man sich vielleicht wieder zurück in die natürliche Stille entlang der Küste. Doch keine Sorge, wenn auf Ihrem Ticket »Pula« als Zielort der Pauschalreise steht: Wer als Urlauber hierher kommt, steuert das Umland an und übernachtet in den Ferienzentren **Medulin**, mit den besten Stränden der Gegend, auf der Halbinsel **Premantura** mit einigen der schönsten Buchten Istriens oder im nahe gelegenen, aber zum Baden nicht ganz so gut geeigneten **Verudela**.

Hotels/andere Unterkünfte

Hotel Scaletta → S. 61, c 2
Unweit des Amphitheaters; charmantes, geschmackvoll eingerichtetes Hotel; ein sicherer Tipp.
Flavijevska 26; Tel. 52/54 10 25; www.hotel-scaletta.com; 12 Zimmer ●●● CREDIT

Valsabbion → S. 61, südl. b 4
Modernes Haus, geschmackvoll eingerichtet. Das hauseigene Restaurant (●●●) gehört seit Jahren zu den Top-Adressen Istriens (→ S. 62).
Pješčana uvala, IX Ogranate 26 (direkt neben der Marina Veruda); Tel. 52/ 21 80 33; www.valsabbion.net; 12 Zimmer ●●● CREDIT

Riviera → S. 61, c 1
Nostalgischer Bau aus dem Jahre 1908, nahe dem Amphitheater; bislang die beste Adresse, wenn man in Pula selbst übernachten will.
Splitska 1; Tel./Fax 52/21 11 66; www.arenaturist.hr, 126 Betten ●● CREDIT

Das an Istriens Südspitze gelegene Pula blickt auf eine lange Geschichte zurück.

Spaziergang

Idealer Ausgangspunkt für die Erkundung von Pula ist das **Amphitheater**, da sich in der Nähe auch einige Parkplätze (gebührenpflichtig) befinden. Nach der Besichtigung des imposanten Bauwerks empfiehlt sich eine Erfrischung in einem der Cafés unterhalb des riesigen Ovals, ehe man zum eigentlichen Bummel ins Stadtzentrum aufbricht.

Am **Hafen** entlang erreicht man nach kurzer Zeit den **Dom** aus dem 15. Jh. Anschließend folgen Sie in der Fußgängerzone der Ringstraße Ulica I. G. Kovačića, die zum **Trg Republike** führt, dem einstigen Forum und historischen Herzstück der Stadt. Hier ist ein idealer Ort für einen erneuten Stopp, ehe Sie auf der Ulica Prvog Maja (im Haus Nr. 16 befindet sich ein hervorragend erhaltenes römisches Mosaik aus dem 2. Jh.) zum **Triumphbogen** der Sergier, einem der ehemals zehn Stadttore Pulas, gelangen.

Auf der breiten, von Bäumen gesäumten Promenade Giardini erreicht man die Ulica Mate Balote mit dem **Herkulestor** und dem **Doppeltor** (Porta Gemina) auf der linken Seite. Hier liegt auch das **Archäologische Museum**. Nach wenigen Minuten kommt man wieder zum Ausgangspunkt am Hafen zurück.

Die etwas andere Stadtbegehung folgt den Spuren der österreichischen k.u.k.-Marine (die es tatsächlich gab), die Pula einst zu ihrem Hafen erklärte. Zeugnisse dieser Vergangenheit lassen sich auf dem Marinefriedhof, in der Marinekirche Madonna del Mare, im einstigen Marinekasino (heute das Café Mozart) oder bei einer Hafenrundfahrt an jener Boje finden, wo mit der »Viribus Unitis« am 1. November 1918 das österreichische Flaggschiff versenkt wurde.

Sehenswertes

Amphitheater ⇢ S. 61, c 2

Ein Muss für Pula-Besucher: 33 m hoch ragt das Bauwerk auf. Mit einer Arenafläche von 132 x 105 m ist es das fünftgrößte Amphitheater der Welt. Bereits im 2. Jh. – also zur Blütezeit des Römischen Kaiserreichs – verfolgten hier rund 23 000 Zuschauer die Wettkämpfe der Gladiatoren.

5

Der Blick hinter die gut erhaltene Fassade bringt allerdings wenig Aufregendes: Um die Atmosphäre von damals nachzuempfinden, braucht der Besucher heute sehr viel Einfühlungsvermögen, auch wenn sich die Fremdenführer während der Tour durch die labyrinthartigen Gänge redlich um eine Ausschmückung der Geschichte bemühen. Zu neuem Leben erwacht die Arena jedoch bei klassischen Konzerten im Sommer.

Ulica Flavijevska; tgl. 9–17 (Winter) bzw. 8–20 Uhr (Sommer); Eintritt 14 Kn, Kinder 5 Kn

Trg Republike ⇢ S. 61, a 3

Am einstigen Forum stehen der **Augustustempel** aus dem 1. Jh. mit einer Ausstellung römischer Skulpturen, daneben die Fassade des **Dianatempels** (heute in das Rathaus der Stadt integriert) sowie einige schöne Patrizierhäuser.

Triumphbogen ⇢ S. 61, b 4
Am Eingang zur Ulica Prvog Maja erhebt sich das Bauwerk der Sergier – in den Jahren 29 bis 27 v. Chr. errichtet. Der Bogen erinnert an den Sieg in der Schlacht bei Actium (31 v. Chr.).

Museen

Aquarium Pula ⇢ S. 61, südl. b 4
In fünf Räumen einer alten Festung vermittelt das Aquarium Einblicke in die Fauna und Flora der Adria.
Punta Verudela/Fort Verudela; Tel. 52/38 14 02; Eintritt 15 Kn, Kinder 10 Kn

Archäologisches Museum

S. 61, b 3

Ideal als Ergänzung zum Stadtrundgang; zahlreiche Funde aus der Römerzeit, die einen guten Einblick in die Geschichte der Region bieten.

Carrarina 3; Tel. 52/21 86 03; Mo–Sa 9–20, So 9–15 Uhr (Sommer) bzw. Mo–Fr 9–15 Uhr (Winter); Eintritt 10 Kn; Kinder 5 Kn

Essen und Trinken

1 Pula hat sich zu einem Gourmet-Zentrum Istriens entwickelt. Die meisten Restaurants der gehobenen Kategorie liegen jedoch etwas außerhalb.

Valsabbion

S. 61, südl. b 4

Seit Jahren kulinarische Spitze, wenngleich einige Kritiker anmerkten: inzwischen zu sehr abgehoben. Schönes Ambiente und eine Speisekarte mit Raffinessen: Zum Auftakt »Grand Couvert« mit istrischen Häppchen, Fisch in Salzkruste oder Nudelgerichte. Wer möchte, bleibt über Nacht im Aparthotel Valsabbion (→ S. 59).

Pješčana uvala bb, Marina Veruda; Tel. 52/21 92 09, Fax 21 59 51; tgl. geöffnet ●●● CREDIT

Vela Nera

S. 61, südl. b 4

Im Jachthafen Veruda; Terrasse mit Olivenbäumen; Risotto nach Art des Hauses, Beefsteak mit Trüffeln.

Fantasia

S. 61, südl. b 4

Unweit der Marina Veruda; Patron Dušan Percan gilt als einer der besten Köche der Region; schöne Terrasse.

Palisina 29; Tel. 52/50 63 06, Fax 50 63 63; im Winter So geschl. ●● CREDIT

Milan

S. 61, südl. b 4

Familienbetrieb mit Hauben-Ambitionen. Fisch und Meeresfrüchte, gute Süßspeisen, umfangreiches Weinangebot. 12 Gästezimmer.

Stoja 4; Tel. 52/21 02 00, Fax 21 05 00, Okt.–Mai So geschl.; www.milan1967.hr ●● CREDIT

Service

Jachthafen

Marina Veruda Tehnomont

S. 61, südl. b 4

Cesta prekomorskih brigada 12; Tel. 52/22 40 34, Fax 21 11 94; www.marveruda.com; 44° 50,4' N 13° 50,05' E

Tourismusverband Pula

S. 61, b 4

Forum 3, 52100 Pula; Tel. 52/21 29 87, Fax 21 18 55; www.pulainfo.hr

Der Trg Republike mit Rathaus und Augustustempel bildete schon in der Römerzeit das pulsierende Forum von Pula.

Ziele in der Umgebung

Brijuni-Inseln

S. 116, B 4; S. 120, A 9

Der aus 14 Inseln bestehende Nationalpark Brijuni verdankt seine Berühmtheit in erster Linie seiner landschaftlichen Schönheit: Mehr als 680 Pflanzen- und über 250 Vogelarten sind auf den Inseln beheimatet.

6

Es war aber auch der 1980 verstorbene Marschall Josip Broz Tito, der das 3 km vom Festland entfernte Archipel in das Bewusstsein der Weltöffentlichkeit brachte: Der ehemalige Staatschef Jugoslawiens hatte auf **Veliki Brijuni** seinen Sommersitz. Die Folge: Staatsgäste gaben sich hier die Klinke in die Hand. Touristen mussten dagegen auf dem Festland bleiben – die Inseln waren Sperrgebiet. Die Zeiten haben sich glücklicherweise geändert: An Tito erinnern nur noch einige Fotos im Museum. Die Inseln sind nur per organisiertem und geführtem Tagestrip zu besuchen – am besten von Fažana aus (Preise ab 100 Kn). Infos: www.np-brijuni.hr.

10 km nordwestl. von Pula (plus Fähre)

Hotels/andere Unterkünfte

Hotelzentrum Insel Brijuni

Die ehemaligen Unterkünfte für Staatsgäste (Neptun, Istra und Karmen) werden gemeinsam angeboten.

Hotel Neptun, Istra; Tel. 52/52 51 00, Fax 21 21 10; 139 Betten; Hotel Karmen; Tel. 52/52 54 00, Fax 21 21 10; 83 Betten ●●● AmEx DINERS MASTER

Fažana

S. 116, B 4

2800 Einwohner

Der kleine Fischerort mit gutem touristischem Angebot ist ein idealer Ausgangsort für Abstecher in das nur 5 km entfernte Pula. Zudem werden von hier aus täglich Ausflüge auf die Inselgruppe von Brijuni angeboten. Wer es weniger touristisch mag und lieber in Ruhe baden möchte, entscheidet sich besser für den Bootstrip auf die Insel **Jerolim**.

Da zu jugoslawischen Zeiten Staatschef Tito in der gegenüberliegenden Inselwelt urlaubte, durfte die Küste rund um den kleinen Fischerort nicht mit Hotels bebaut werden. Der Nachteil von damals erweist sich heute als Chance für die Zukunft: Zahlreiche, teils luxuriöse Hotelprojekte sind an den unerschlossenen Stränden in der Planung. Deshalb sollte man diesen Küstenabschnitt möglichst schnell noch in aller Stille genießen.

10 km nordwestl. von Pula

Essen und Trinken

Restaurant Letan

Ideal während eines Ausflugs entlang der Küste, nördlich von Fažana gelegen. Gut für Meeresfrüchte und Fisch. Für eine Übernachtung bietet sich die neu gebaute Villa an.

Peroj 400; Tel. 52/52 10 09 ●● AmEx DINERS MASTER

Konoba Alla Becaccia

Die kleine Einkehr mit Wildspezialitäten liegt südöstlich von Fažana und ist ein idealer Stopp auf dem Weg von hier nach Pula.

Pineta 25; Tel. 52/52 07 53 ●

Konoba Margerita

Klein, aber urig; traditionelle Gerichte der Region.

Galizanska 8; Tel. 52/52 15 65 ● CREDIT

Service

Tourismusverband Fažana

Riva 2, 52212 Fažana; Tel. 52/38 37 27, Fax 38 37 28

Labin

S. 117, D 3

26 000 Einwohner

Nur wenige Kilometer von der Touristenhochburg Rabac entfernt liegt der Ort auf einem Felsen über der Land-

schaft. Entweder hält man auf dem Weg nach Rijeka hier, oder aber man plant den Abstecher von Rabac aus. Der Trip in das noch immer mittelalterlich anmutende Labin lohnt auf jeden Fall. Besonders der Stadtplatz, an dem auch die Pfarrkirche steht, ist sehenswert.
43 km nordöstl. von Pula

Essen und Trinken

Due Fratelli
Endlich eine gute Adresse in dieser Gegend; Fisch aus dem eigenen Netz.
Montozi 6; Tel. 52/85 35 77 ●● MASTER

Service

Tourismusverband Labin
A. Negri 20, 52220 Labin; Tel. 52/85 55 60; www.istra.com/rabac

Medulin

S. 120, B 9

1800 Einwohner

Das eigentliche touristische Zentrum der Region Pula liegt auf der Halbinsel Premantura. Landschaftlich am reizvollsten und von herrlichen Küstenabschnitten gesäumt sind u. a. der gleichnamige Ort nahe der Landzunge **Kamenjak** und das Postkartenmotiv, der Leuchtturm von Porer. Das Urlauberziel **Medulin** hat eine kleine »Kathedrale« und schöne Strände in der unmittelbaren Umgebung. Das Trio komplettiert das überschaubare **Pomer**. Zum Aufstieg der Region trugen auch die hervorragenden Marinas und ein stetig steigendes gastronomisches Angebot bei. Die meisten Gäste wohnen in großen, wenig spektakulären Anlagen. Um am Abend auf kulinarische Entdeckungsreise zu gehen, sollte man mit dem eigenen Wagen unterwegs sein.
15 km südöstl. von Pula

Hotels/andere Unterkünfte

Camping Stupice
Liegt rund 12 km entfernt von Pula; kleiner Felsstrand.
Premantura; Tel. 52/57 51 11, Fax 57 54 11 ● CREDIT

Nudo-Camp Kažela
Etwa 2 km südlich vom Ortszentrum gelegener Campingplatz mit langem Felsstrand – Nudisten vorbehalten.
Medulin; Tel./Fax 52/57 60 50 ● CREDIT

Essen und Trinken

Fra-Kat
Neuling in der Restaurantszene, der nun zu den Spitzenreitern auf der Halbinsel gehört; Fischspezialitäten.
Premantura 42; Tel. 52/57 53 73 ●● AmEx MASTER

Konoba Galiola
Nordöstl. von Medulin im Dorf Ližnjan gelegen; Konoba mit gutem Preis-Leistungs-Verhältnis.
Ližnjan 578; Tel. 52/57 83 23 ● AmEx

Miramare
Am westlichen Ende der Bucht von Medulin im Ort Pomer. Empfehlenswert: Zicklein aus dem Tontopf.
Pomer 59; Tel. 52/57 31 65; im Winter Di geschl. ● AmEx

Service

Tourismusverband Medulin
Centar 223; 52203 Medulin; Tel./Fax 52/57 71 45; www.medulin.hr

Rabac

S. 117, D 3

1500 Einwohner

Umgeben von Olivenhainen und Piniewäldern an steilen Hängen, gehört der Badeort zu den führenden Touristikzentren. Eine schmale Promenade führt zum Strand am Kap von Andrija.
48 km nordöstl. von Pula

Hotels/andere Unterkünfte

Apollo
Ruhig im Ortszentrum gelegen.
52221 Ravac bb; Tel. 52/87 22 22, Fax 87 23 45; 108 Betten ●● AmEx MASTER VISA

Essen und Trinken

Nostromo

Am Hafen; Anziehungspunkt für viele Urlauber, sehr ordentliches Angebot.

Obala M. Tita 7; Tel./Fax 52/87 26 01; www.nostromo.hr; 8 Zimmer ●● CREDIT

Service

Tourismusverband Labin-Rabac

(→ Labin, S. 64)

Vodnjan

→ S. 117, D 3

5700 Einwohner

Von Pula oder Rovinj aus bietet sich ein Abstecher in die lebhafte Kleinstadt Vodnjan an. Dort sind es jedoch nicht die alten Stadtmauern, die locken. Die wahre Attraktion des Ortes beherbergt die **Pfarrkirche Sveti Vlaho** (St. Blasius). Hinter dem Hauptaltar sind die Mumien von drei Heiligen (hl. Sebastian, hl. Bembo, Nikola Bursa) zu sehen. Die Besonderheit der Stätte wird durch die »Sage« gestärkt, dass Wissenschaftler bis heute nicht erklären können, warum die (nicht einbalsamierten!) Gebeine so gut erhalten sind. Hunderte weiterer Reliquien ringen dem Betrachter einen Schauer ab – und die Frage, ob der ausgestellte Dorn tatsächlich aus der Christuskrone stammt und das kleine Stück Stoff wohl den Körper Christi bedeckte?

Diese Fragen diskutiert und die bei dem makabren Anblick entstandene Gänsehaut kuriert man am besten bei einem starken Kaffee am nahe gelegenen Hauptplatz, umgeben von einem Hauch venezianischer Architektur. Wer eine handfeste Stärkung braucht, fährt nach Fažana ans Meer. Die Mumien sind im Sommer täglich von 9–19 Uhr zu besichtigen. Ansonsten liegt der Schlüssel – ganz unkompliziert – beim Pfarrer im Haus Nr. 5.

16 km nördl. von Pula

Essen und Trinken

Gostiona Vodnjanka

Gepflegte lokale Küche – hier kocht noch die Mutter persönlich; etwas außerhalb gelegen.

Istarska bb; Tel. 52/51 14 35; im Winter So geschl. ● AmEx DINERS MASTER

Service

Tourismusverband Vodnjan

Narodni trg 3, 52215 Vodnjan; Tel. 52/51 16 72

Rund um Rabac findet der sonnenhungrige Besucher eine Vielzahl kleiner Badebuchten.

Opatija und die Riviera

Der einst mondäne Kurort Opatija hat sich zu einer beliebten Adresse für Wellness-Urlauber entwickelt.

Schmuckstück: Die Patriziervilla Angiolina ist von einem herrlichen Park umgeben.

Zurück zum Ursprung« lautet das Motto. Vor mehr als 150 Jahren begann an der meist felsigen und schmalen Küste der Aufstieg des istrischen Tourismus. Doch auf seine »alten Tage« kehrt alles andere als Ruhe ein. Luxushotels und Wellness-Oasen locken die zumeist individuelle Kundschaft. Wer es pauschal mag, kommt als Tagesausflügler aus der Umgebung – auch weil Kies- oder Sandstrände rar sind. Deshalb wird häufig lieber im Pool als im Meer gebadet.

Sportive steigen Istrien aufs »Dach« und erklimmen die Gipfel des **Učka-Gebirges.** Im Sommer bieten sich hier herrliche Wanderungen an. Und im Herbst dreht sich alles um die berühmten Maronen, die nicht selten als »kulinarische Gedichte« in den Küchen der mittlerweile ebenfalls berühmten Köche der Region landen.

Opatija

→ S. 117, E 2

30 000 Einwohner

Noch vor einigen Jahren drohten in Opatija die Lichter auszugehen: Das Flair österreichischer Kaiserherrlichkeit lockte kaum noch Besucher in den ältesten Kurort Kroatiens. Dem Grundstein für den Tourismus, der 1844 errichteten **Villa Angiolina,** drohte das Vergessen. Mit der Eigenstaatlichkeit 1990 und dem zunehmenden westlichen Einfluss bahnt sich jedoch ein Wandel an. Eine gute Hotel Infrastruktur, ein mildes Klima während des ganzen Jahres sowie abwechslungsreiches Nightlife mit **Casinos** und **Diskotheken** lässt den Charme der Vergangenheit in neuem Glanz erscheinen. Es sind v. a. junge Italiener, die den Ort wieder neu entdecken, da es in punkto Shopping in Istrien kaum Vergleichbares gibt.

Für Familien ist Opatija allerdings nicht mehr als ein Stopover auf dem Weg entlang der Küste – beim Blick Richtung Horizont weiß man warum: Es grüßt die Großstadt Rijeka mit ihren Industrieanlagen ... Die überzeugten Opatija-Fans stört dies alles aber wenig, denn zum Baden in der Kvarner Bucht sind sie sowieso nicht gekommen – schließlich verfügen die meisten Hotels über einen eigenen Swimmingpool. Bei den relativ hohen Übernachtungspreisen in Opatija kann man das auch erwarten. Positiv: Das Hotelangebot hat sich wesentlich verbessert – v. a. im Wellness-Bereich tut sich viel (→ MERIAN-Tipp, S. 44).

Wo sich heute Touristen über die Hauptstraße **Maršala Tita** und auf der belebten Uferpromenade drängen, lebten einst Benediktiner-Mönche in aller Abgeschiedenheit. Ihrer Abtei aus dem 15. Jh. verdankt Opatija zwar den Namen, den Grundstein des touristischen Erfolgs legten allerdings die Herren der Wiener Südbahn: Sie erweiterten im Jahre 1873 die Strecke Wien–Triest um eine Abzweigung bis nach Rijeka. Ermuntert durch diesen Anschluss, eröffnete 1883 mit dem **Quarnero** das erste Hotel der östlichen Adria. Das milde Winterklima unterhalb des Učka-Gebirges lockte die kältegeplagten Wiener in das 1889 zum Kurort erklärte Opatija. Und als sich im Frühjahr 1894 Kaiser Franz Joseph von Österreich hier mit dem deutschen Kaiser Wilhelm II. traf, war für die Schickeria von damals klar: Zum Überwintern fahren wir an die Kvarner Bucht!

Ein Hauch dieser mondänen Zeit von damals hat sich im Stadtbild von Opatija erhalten und dient heute v. a. als touristische Attraktion. Wer in die Vergangenheit eintauchen will, sollte allerdings zweierlei beachten: Kulinarisch bietet der Ort eher durchschnittliche Qualität (die herausragende Ausnahme: das **Kukuriku** im etwas entfernten Kastav). Und Opatija kann zum Härtetest für die (Urlaubs-)Entspannung werden, denn der Besucher wird dem täglichen Verkehrschaos mit hoffnungsloser Parkplatzsuche kaum entgehen können. Gute Nerven sind also gefragt – dies gilt auch nach

Die Promenade des Kurortes Opatija lädt wie eh und je zum Flanieren ein.

Einbruch der Dunkelheit, wenn das Glücksspiel lockt.

Dabei standen **Casinos** anfangs unter keinem günstigen Stern: Von der ersten illegalen »Spielhölle« in einem Keller erfuhren die geschockten Einwohner erst im Abschiedsbrief einer Urlauberin: Sie hatte ihr ganzes Vermögen verspielt und beging aus Verzweiflung Selbstmord. Inzwischen sind die Gewinnchancen nicht gestiegen, aber der Gast kann nun ganz legal sein Hab und Gut aufs Spiel setzen.

Hotels/andere Unterkünfte

Die gehobene Kategorie überwiegt. Familienfreundliche Ferienhotels sind kaum zu finden.

Adria-Relax- & Spa-Resort Miramar
Neu eröffnetes Haus mit sehr gutem Wellness-Angebot; direkt am Lungomare in einer historischen Villa.
Ive Kaline 11; Tel. 51/28 00 00, Fax 28 02 80; www.hotel-miramar.info; 100 Zimmer und Suiten; 15. Nov.–März Betriebsferien ●●● CREDIT

Hotel Millennium
Im Zentrum gelegenes Luxushotel mit einem Hauch k.u.k.-Herrlichkeit; schöne Café-Terrasse mit Meerblick.
Maršala Tita 109; Tel. 51/20 20 00, Fax 20 20 20; www.ugohoteli.hr; 130 Zimmer ●●● CREDIT

Kvarner-Amalia
Ein idealer Ort für Nostalgiker direkt am Meer und bereits im Jahre 1884 eröffnet. Im dienstältesten Hotel an der Adria spürt man auch heute noch den Charme der vorletzten Jahrhundertwende.
Park 1, svibnja 4; Tel. 51/27 12 33, Fax 27 12 02; www.liburnia.hr/de; 162 Betten ●●● CREDIT

Spaziergang

Üppige Vegetation und nostalgische k.u.k.-Fassaden, Souvenirstände und öffentliche Strandabschnitte, stille Gärten und belebte Plätze – es sind die Kontraste, die den 12 km langen Wanderweg **Lungomare** zwischen Volosko und Lovran so reizvoll machen.

Sehenswertes

Villa Angiolina

Der Patrizier Iginio Scarpa ließ im Jahre 1844 die nach seiner Frau benannte Villa als Ferienhaus an der Küste einrichten. Das mit vergoldeter Schnitzerei geschmückte Gebäude ist von einem sehr gepflegten Garten umgeben, in dem zahlreiche exotische Pflanzen wachsen, die Seefahrer für Scarpa mit in seine Heimatstadt Rijeka brachten. Dieser kleine Park ist ein idealer Platz, um sich vom eher hektischen Treiben auf der Maršala Tita zu erholen.

Essen und Trinken

Meist begibt man sich in den großen Hotels zu Tisch, da sie in den angeschlossenen Restaurants über das beste Angebot verfügen. Wählt man eine bessere Lokalität außerhalb, muss für ein Abendessen für zwei Personen über 50 € einkalkuliert werden; oft kommt dann noch ein Gedeckzuschlag hinzu.

Restaurant Kukuriku

»Slow food« vom Feinsten im 4 km entfernten Dorf Kastav. Der kulinarische Aufsteiger Istriens!

51215 Kastav 120; Tel. 51/69 14 17; www.restoran-kukuriku.com; Mo geschl.
●●● CREDIT

Bevanda-Lido

Neue Location direkt am Hafen. Gute Fischkarte, exzellentes Meeresfrüchte-Risotto; nachmittags guter Platz für Kaffee und Kuchen.

Zert 8; Tel. 51/71 27 69, 71 27 72, Fax 71 83 54 ●● AmEx MASTER VISA

Einkaufen

Was das Herz des Souvenirjägers begehrt, gibt es – natürlich – wieder an der **Maršala Tita**. Wer die typischen Spitzendecken und Stickereien sucht, sollte diese nicht unbedingt in Opatija kaufen: Die Verkäuferinnen haben ihr Angebot dem allgemein hohen Preisniveau angepasst.

Am Abend

Das Nachtleben spielt sich in erster Linie in den Hotels entlang der Maršala Tita ab: Entweder rollt die Roulettekugel in einem der Casinos, oder man bittet zum Tanz. In den letzten Jahren hat sich Opatija zum Szenetreff an der Mittelmeerküste entwickelt.

Casino Villa Rosalia

Eine Art Institution in der Stadt.

Maršala Tita 91; Tel. 51/27 20 11

Club 72

Disko im Hotel Jadran.

Maršala Tita 193; Tel. 51/27 17 00

Colosseum Diskothek

Der abendliche In-Treff; internationale DJs, Gogo-Tänzerinnen.

Am Strand Slatina; www.colosseum-opatija.com

Lady Madonna

Diskothek in der Villa Madonna.

Maršala Tita 203

Service

Jachthafen

ACI Marina Opatija

POB 60, 51414 Ičići; Tel. 51/70 40 04; www.aci-club.hr; 44° 19,0' N 14° 17,7' E

Tourismusverband Opatija

Nikole Tesle 2, 51410 Opatija; Tel. 51/27 17 10, Fax 27 16 99; www.opatija-tourism.hr

Tourismusverband der Region Kvarner

Nikole Tesle 2, 51410 Opatija; Tel. 51/27 29 88; www.kvarner.hr

Ziele in der Umgebung

Crikvenica

→ S. 118, B 6

6500 Einwohner

Der Name leitet sich von »crikva« ab, was im einheimischen Dialekt so viel wie »Kirche« bedeutet. Die Fundamente dieser Kirche stammen aus dem 14. Jh. Ganz in der Nähe wurde von den Frankopanen im 15. Jh. ein Kastell errichtet, das inzwischen zum Hotel umgebaut wurde. Der 2 km lange grobe Kiesstrand, der sich größtenteils direkt vor dem Stadtzentrum erstreckt, fällt flach ins Meer ab; man sucht vergeblich nach den andernorts üblichen Betonplatten – ideal für Kinder. Nach Sonnenuntergang spielt sich das Leben an der von alten Bäumen gesäumten Promenade ab. Wegen des milden Klimas haben viele Hotels ganzjährig geöffnet.

Leider ist die touristische Entwicklung in Crikvenica nicht so erfolgreich verlaufen wie in vielen anderen Küstenorten. Das Angebot (kaum neue Hotels, Restaurants) und die Nachfrage (zumeist ältere, einheimische Gäste) trifft derzeit nur sehr bedingt den Geschmack des internationalen Publikums. Wohl auch deshalb gilt: ein Abstecher, kaum mehr.

40 km südöstl. von Opatija

Hotels/andere Unterkünfte

Wer nicht im oftmals lauten Zentrum wohnen möchte, weicht auf die nordwestlich gelegenen Vororte Kačjak und Dramalj aus.

Kaštel

Gute Adresse hinter alten Klostermauern; nahe des Stadtzentrums.

Frankopanska 22; Tel. 51/24 10 44, Fax 24 14 90; www.jadran-crikvenica.hr; 146 Betten ●● AmEx DINERS MASTER

Campingplatz Kačjak

Etwa 5 km von Crikvenica; von Mai bis September geöffnet.

Kačjak bb., Dramalj; Tel. 51/7 86-2 50, Fax 7 86-2 62

Service

Tourismusverband Crikvenica

Trg Stjepana Radića 1 c, 51260 Crikvenica; Tel. 51/24 10 51, Fax 24 18 67; www.tzgcrikvenice.com

Ičići

→ S. 117, E 2

1100 Einwohner

Der kleine Fischerhafen schließt sich – Richtung Süden – direkt an Opatija an. Wer's mag, genießt Fisch am Hafen. Wer aktiv unterwegs ist, kann sich zwischen Ausflügen ins Učka-Gebirge oder dem Wanderweg Lungomare entscheiden. Ganz neue Top-Adresse für Genießer: das ambitionierte Projekt **Lovranske Vile** mit dem Restaurant **Villa Astra** und dem liebevoll restaurierten Hotel **Villa Adela**.

6 km südl. von Opatija

Service

Tourismusverband Ičići

Libumijska cesta bb, 51414 Ičići; Tel. 51/70 41 87; www.tourism-icici.hr

Lovran

→ S. 117, E 2

3700 Einwohner

Der kleine Ferienort südlich von Opatija liegt unterhalb des Učka-Gebirges. Auf der Fahrt zwischen Pula und Rijeka passiert man die einstige Sommerresidenz römischer Patrizier, die erstmals im 7. Jh. als Lauriana erwähnt wurde. Der Name leitet sich wohl vom lateinischen Namen für Lorbeer (*laurus*) ab. Ein schöner **Hafen** und eine lebendige **Altstadt** – mit der Kirche St. Georg am Stadtplatz – lohnen den Stopp. Das 1898 zum Kurort erklärte Lovran ist auch zu Fuß von Opatija aus zu erreichen: Beide Orte sind durch den rund 12 km langen Fußweg **Lungomare** miteinander verbunden. Berühmtheit erlangte die Gegend durch ihre hervorragenden Maronen (Esskastanien), die hier angebaut werden. Im höher gelegenen Dobrec findet jeweils ab der dritten Oktoberwoche das zwei Wochen dauernde **Maronenfest** statt.

Ein lohnender Abstecher in die Berge ist das Landhaus **Oraj** (Tel. 51/70 42 76), etwa 6 km von Lovran entfernt mit herrlichem Blick aufs Meer.

Entlang des Kiesstrandes von Mošćenička Draga erstreckt sich die fast zwei Kilometer lange Promenade. Direkt gegenüber befindet sich die Insel Cres.

Besitzer Vjekoslav Martinko, der auch hinter dem Lovranske-Vile-Projekt steht, versucht Urlaub auf höchster Qualitätsstufe mit lokalem Hintergrund in der Region zu etablieren (Infos: www.lovranske-vile.com).
9 km südl. von Opatija

Hotels/andere Unterkünfte

Excelsior
Klassisch und sehr groß. Direkt am Hafen gelegen. Zwei Schwimmbäder.
Maršala Tita 15; Tel. 51/29 22 33, Fax 29 19 89; www.liburnia.hr/de; 370 Betten ●●● CREDIT

Essen und Trinken

Villa Astra
Spitzenrestaurant mit Schwerpunkt auf lokalen Produkten, die bevorzugt aus dem Meer oder dem nahen Učka-Gebirge kommen. Dazu gehört auch ein sehr schönes Hotel.
V. Capa Emina 11; Tel. 51/29 44 00; www.lovranske-vile.com ●●● CREDIT

Mošćenička Draga

→ S. 117, E 3

500 Einwohner

Von dem Fischerort von einst ist nicht viel übrig geblieben. Stattdessen fallen die Urlauber im Sommer in Scharen ein. Der Grund dafür ist v. a. der schöne lange Kiesstrand. Überragt wird das Touristenzentrum von der mittelalterlichen Stadt **Mošćenice**, die über Treppen zu erreichen ist. Wer längere Zeit auf die Fähre zur Insel Cres warten muss, kann sich hier die Zeit gut vertreiben. Kulinarisch eignet sich dazu am besten das traditionelle und weit über den Ort hinaus bekannte Restaurant **Benito** (Tel. 51/73 75 02), das sich gerade durch seine Fischgerichte einen guten Ruf erworben hat. Das Gleiche gilt für das Restaurant **Johnson** (Tel. 51/73 75 78) mit gutem Fisch- und Weinangebot, Meerblick inklusive.

Noch näher am Fähranleger befindet sich allerdings der ebenfalls sehenswerte Ort **Brseč**. Die Fähre vom nahen Brestova Richtung Insel Cres verkehrt ab 6.30 bis 20.30 Uhr jede Stunde und ist bis zum Ziel Porozine 30 Minuten unterwegs. Im Juli und August gibt es zusätzliche Abfahrten um 0.30, 2.30, 4.30 und 22.30 Uhr.
16 km südl. von Opatija

Hotels/andere Unterkünfte

Autocamp Mošćenička Draga
Auf der Meerseite an der Straße 2, Pula–Rijeka; Tel. 51/73 75 23, Fax 73 73 39

Service

Tourismusverband Mošćenička Draga
Aleja Slatina bb; 51417 Mošćenička Draga; Tel. 51/73 75 33; www.tz-moscenicka-draga.hr

Rijeka

→ S. 117, F 2

167 000 Einwohner

Rijeka mit seinem bedeutenden Hafen ist eines der führenden Handelszentren Kroatiens. So wichtig die bereits zu Römerzeiten besiedelte Gegend und erstmals im 13. Jh. erwähnte Stadt wirtschaftlich auch sein mag: Rijeka bietet für Touristen wenig. Reisende soll man nicht aufhalten, heißt es – und Rijeka hält sich daran. Das Schönste an der Stadt ist für viele Besucher tatsächlich die Straße Richtung Süden, denn hier beginnt die Adria-Magistrale Richtung Dubrovnik.

Wer sich dennoch für einen Abstecher ins Zentrum entscheidet, bekommt den Weg zu den wichtigsten Sehenswürdigkeiten zumindest gut ausgeschildert. Am besten parkt man an der **Promenade Riva** in Hafennähe. Unweit davon führt die Fußgängerzone **Korzo** durch das Zentrum. Alle nennenswerten Bauwerke sind von der »Turisticka Magistrala« zu einem Stadtrundgang zusammengefasst und mit gelben Schildern gut gekennzeichnet worden.

Sehenswert sind der Stadtturm direkt am Korzo, das Stadttor aus dem 15. Jh., der Dom Sv. Marija, die Kirche des hl. Vitus sowie der Palast des Municipiums und das Alte Rathaus aus dem 16. Jh.

Rijekas Fußgängerzone Korzo: Hier treffen sich Geschichte und Großstadtflair.

Etwas oberhalb des Altstadtzentrums liegen im Park V. Nazora das Naturgeschichtliche Museum und das Historische Archiv.

Wer nach dem Blick in die Vergangenheit Lust auf lebendige Gegenwart hat, der kommt auf dem bunten **Markt** an der Ulica Ivana Zajca voll auf seine Kosten. In der alten Markthalle sowie den Seitenstraßen am Hafen drängt sich tagtäglich ein Stand an den anderen. Versorgt mit einheimischem Obst und Gemüse, kann man sich vom eher anstrengenden Ausflug nach Rijeka an der nahen Hafenmole erholen, ehe man zur Weiterfahrt aufbricht.

Als Restaurant empfiehlt sich das **Zlatna Školjka** (Kružna 12; Tel. 51/21 37 82) mit Fisch und Meeresfrüchten und einer ruhigen Umgebung bzw. das **Municipium** (siehe unten). Ansonsten weicht der Gast besser in die Ferienorte der Umgebung aus.

Vorsicht: Teilweise herrschen auf der Umgehungsstraße chaotische Verkehrsverhältnisse mit langen Staus. Sie sollten deshalb für die Umfahrung von Rijeka stets genügend Zeit einkalkulieren.

11 km östl. von Opatija

MERIAN-Tipp

9 Kurztrip in die Sonne

Billig-Airlines entdecken die Attraktivität Istriens. So fliegt Hapag-Lloyd-Express aus verschiedenen deutschen Städten (u. a. Hannover und Köln-Bonn) nach Rijeka. Wer früh bucht, fliegt ab 19,99 €. Wer länger wartet, muss (deutlich) mehr zahlen. Die ideale Kombination für ein verlängertes Wochenende in der Sonne: Anreise am Donnerstag – Rückreise am Sonntag. Eine Istrien-Rundreise (mit Opatija und Rovinj als Übernachtungsorte) sollte allerdings unbedingt mit einem Mietwagen unternommen werden.

Hotels/andere Unterkünfte

Grand Hotel Bonavia

Klassisches Stadthotel, zentral gelegen und jüngst total renoviert. Eine gute Adresse für den Fall, dass Sie eine Nacht in Rijeka verbringen wollen.

Ulica Dolac 4; Tel. 51/35 71 00, Fax 33 59 69; www.bonavia.hr; 250 Betten

●● CREDIT

Essen und Trinken

Municipium

Inzwischen das kulinarische Aushängeschild im ansonsten eher eintönigen Großstadtangebot.

Trg riječke rezolucije 5; Tel. 51/21 30 00

●●● CREDIT

Service

Tourismusverband Rijeka

Uzarska 14/II, 51000 Rijeka;
Tel. 51/21 31 45, 21 31 49, Fax 33 39 09;
www.tz-rijeka.hr

Volosko

→ S. 117, E 2

Der Fischerort schmiegt sich mit seinen Häusern an die zum Meer abfallenden Hänge des Učka-Gebirges. Erstmals im Jahre 1543 erwähnt, gehört der Ort zu den ältesten an der Opatija Riviera, die hier ebenso ihren Anfang nimmt wie der **Lungomare** Richtung Lovran (→ S. 70). Im Sommer ist Volosko auch ein beliebter Treffpunkt der kroatischen Künstler.

3 km nördl. von Opatija

Essen und Trinken

Le Mandrač

Tartar von der Goldbrasse? Hausgemachte Tagliatelle? Dazu eine gute Auswahl an lokalen Weinen? Im alten Fischereihafen hat der Gast die Wahl.

Obala F. Supila 10; Tel. 51/70 13 57, Fax 74 10 99 ●●● ▭

Amfora

Empfehlenswerte Fischspezialitäten.

Črinkovica bb; Tel. 51/70 12 22 ●●

AmEx DINERS MASTER

Die Inseln in der Kvarner Bucht

Schroffe Küsten, einsame Strände, alte Seefahrerlegenden und gastfreundliche Menschen.

Am Südende der Bucht von Cres schmiegt sich das idyllische kleine Fischerdorf Valun an einen bewaldeten Hang der ansonsten eher kargen Insel.

Abtauchen in eine andere Welt? Hier sind Sie richtig – besonders Abenteurer fühlen sich wohl. Einsame Strände, rustikale Konobas, Entdeckungstouren abseits touristischer Trampelpfade? Auf **Cres**, **Lošinj** und **Rab** ist noch alles möglich. Es geht gelassener und ruhiger zu, und über allem weht ein Hauch von »früher«: Der Tag gehört dem Strand – es riecht nach Sonnencreme. Am Abend ist das Unterhaltungsprogramm beschränkt, und gerade deshalb herrscht beste Urlaubsstimmung. Der Wein wird am Wasser getrunken – kleine Häfen werden zur Bühne für Künstler. Deutlich belebter zeigt sich dagegen die Insel **Krk**, die inzwischen durch eine Brücke mit dem Festland verbunden ist.

Nicht selten erobern Nautiker die Inselwelt unter vollen Segeln. Aber auch für Landratten gilt: Das Wasser lockt. Heuern Sie auf einem Ausflugsboot an und werden Sie selbst zum Skipper!

Cres

⇢ S. 117, E/F 3/4; S. 121, D/E 9/10

12 000 Einwohner

Die Wege zu einem der Höhepunkte des Istrien-Urlaubs führen übers Wasser. Entweder legt man mit der Fähre vom Festland bei Brestova an der Ostküste Istriens Richtung Porozina ab – bei etwas Glück begleitet von Delfinen –, oder man entscheidet sich für die unwesentlich längere Überfahrt zwischen Valbiska auf der Insel Krk und Merag.

Ganz gleich, wo man die Insel Cres betritt: Der erste Eindruck ist geprägt von karger Landschaft. Nur wenig Grün drängt sich durch das schroffe Karstgestein. Im Hochsommer liegt oft tagelang große Hitze über der Inselregion, weht kaum ein Lüftchen. Vielleicht fahren deshalb die meisten Besucher gleich hinunter zur Schwesterinsel **Lošinj**, die durch eine schmale Brücke bei Osor mit Cres verbunden ist. Die bessere Entscheidung ist jedoch, wenn Sie sich bereits kurz nach der Ankunft in **Porozina** seelenruhig treiben lassen: So kommen Sie mit jedem Kilometer der wahren »Inselseele« näher. Zumal das zweitgrößte Eiland in der Kvarner Bucht für jeden Gast etwas bietet: Wer das Abenteuer sucht, der ist zwischen den sanften Buchten und rauen Bergen richtig. Wer sich lieber in aller Stille an der Küste entlangbewegt, kann auf einsamen Wanderungen schnell dem Touristenlärm den Rücken kehren. Nur wer Unterhaltung und Nightlife erwartet, wird hier nicht auf seine Kosten kommen: Es geht hier wesentlich geruhsamer zu als auf dem Festland. Auch die Unterkünfte sind einfacher, die Restaurants nicht immer so perfekt auf Touristen eingestellt – und um die Insel ganz zu entdecken, kommt der Besucher (zum Glück!) um eine Wanderung nicht herum.

Sicherlich ist **Cres-Stadt** der bekannteste Ort der Insel. An einer geschützten Bucht gelegen, ist das Städtchen ein beliebter Anlaufhafen für Privatschiffer geworden. Wer es dagegen noch etwas überschaubarer mag, wird vor **Valun** – auf der gegenüberliegenden Seite der Bucht – Quartier beziehen.

Wenn hier abends Dutzende von Schiffen im Wasser dümpeln, am Horizont die Sonne untergeht und der Duft von gebratenem Fisch aus den Restaurants am Hafen in der Luft liegt, dann gibt es kaum einen schöneren Platz entlang der gesamten Küste. Es sei denn, man unternimmt den Abstecher in die Berge nach **Lubenice** (→ MERIAN-Tipp, S. 77). Bei dieser Fahrt ist Vorsicht geboten: Die Straßen sind schmal und kurvenreich!

Cres ist kein Ziel für Kurzentschlossene: In der Hochsaison sind alle Übernachtungskategorien bereits Monate im Voraus ausgebucht. Fahren Sie in dieser Zeit nicht ohne feste Buchung los.

Orte auf Cres

Beli

→ S. 117, E 3

Hinter dem Monte Sis (650 m) biegt man links von der Hauptstraße ab. Der kleine Fischerort thront an einem über 100 m hohen Steilhang. Gerade bei Tauchern ist Beli beliebt, da sich hier eine Basis befindet (Infos: www.diving-beli.com). Ein weiterer Anziehungspunkt ist das Öko-Zentrum **Caput Insulae** in der alten Dorfschule, das sich den Erhalt der Landschaft, der Tramuntana, zum Ziel gesetzt hat.

Wer in Beli übernachten will, darf nicht zu viel erwarten: Der Campingplatz **Brajdi** (Tel. 51/84 05 32) verfügt über 300 Plätze (sowie über eine Wechselstube). Zudem gibt es einige Privatzimmer, u. a. in der Pension **Tramuntana** (Tel. 51/84 05 19).

22 km nördl. von Cres-Stadt

Cres-Stadt

→ S. 117, E 4

Mit rund 2200 Einwohnern ist Cres nicht nur die größte Stadt der Insel, sondern auch ihr wirtschaftliches Zentrum. Im Hafen, der von einer Stadtmauer aus venezianischer Zeit umgeben ist – auch zwei Stadttore und ein Turm sind noch erhalten – pulsiert das Leben seit Jahrhunderten. Wer mit dem eigenen Boot kommt, wird jedoch weiter südlich in der modernen Marina vor Anker gehen. Durch diese »Auslagerung« der zahlreichen Bootsurlauber hat sich Cres ein stilles Ambiente bewahrt.

Sehenswert sind die erwähnten **Stadttore Bradadina** aus dem Jahr 1581 – wer mit dem Auto kommt, betritt meist von den nahen Parkplätzen durch diesen Bogen die Altstadt – und das nördliche **Marcella**, errichtet 1588. Auch lohnen die **Pfarrkirche Sv. Marija**, die romanische **Johanneskirche** und die Kirche des **hl. Isidor**, der als Stadtpatron verehrt wird, eine Besichtigung. Der schönste Strand der Stadt Cres liegt bei Kimen, einen kurzen Spaziergang entfernt.

HOTELS/ANDERE UNTERKÜNFTE

Kimen

Günstige Lage Hotels direkt am Strand von Cres, das Ambiente erinnert allerdings noch an sozialistische Zeiten.

Melin I/16; Tel. 51/57 13 22, Fax 57 15 13; 412 Zimmer; www.cresanka.hr ●●●

CREDIT

Die beschauliche Hauptstadt der Insel Cres verfügt über eine hochmoderne Marina.

Privatunterkünfte vermittelt u.a.:
Cresanka Cres
Varozina 25; Tel. 51/57 11 61, Fax 57 11 63

Museen

Archäologisches Museum
Zahlreiche Amphoren, archäologische und ethnologische Funde, teils auch aus der nahen Umgebung, verborgen hinter der historischen Fassade.
Palast Arsan; tgl. 9–11 und 19–22 Uhr (nur im Sommer); Eintritt 4 Kn

Essen und Trinken

Amfora
Hier werden Fischspezialitäten aufgetischt. Nahe dem Hafen.
Trg Frane Petriĉâ 5; Tel. 51/57 12 88 ●●

Riva
Man speist Fischgerichte und beobachtet dazu das geschäftige Treiben am Hafen.
Riva Creskih Katetana 13; Tel. 51/57 11 07 ●●

Service

Jachthafen
ACI Marina Cres
Eine der Top-Marinas in der Region, 25 Seemeilen vom nächsten Adriahafen entfernt.
Jadranska obala 22, 51557 Cres;
Tel. 51/57 16 22; 44° 57' N 14° 24' E

Tourismusverband Cres
Vermittelt auch Privatunterkünfte.
Cons 10 (am Hafen), 51557 Cres;
Tel. /Fax 51/57 15 35; www.tzg-cres.hr

Lubenice

⇢ S. 121, D 9

Der Weg in die Berge lohnt sich in jedem Fall, auch wenn die Straßen 7 schmal sind, und man sich um jede Kurve mühsam herumwinden muss. Am besten kommen Sie zum Sonnenuntergang – vielleicht nach einem ruhigen Strandtag rund um Valun, denn von hier aus führt die Straße über Mali Podol an die Westküste. Gesäumt wird der etwa 5 km lange Weg von uralten Steinwällen, hinter denen Schafherden weiden.

378 m hoch über dem Meer thront Lubenice. Schon vor mehreren tausend Jahren siedelten Menschen an diesem Ort. Das Dorf bezaubert mit alten Häusern und einem schlanken Glockenturm aus dem Jahre 1791. Dahinter erhebt sich auf der anderen Seite des Dorfplatzes die Kirche der hl. Maria aus dem 18. Jh. Am Dorfplatz befindet sich das **Buffet Lubenicka Loza** mit Getränken und Snacks.

Wenn Sie den Tag hier verbringen wollen: Unten an der Küste und durch einen – etwas mühsamen – Fußmarsch zu erreichen, liegt der »Hafen« Luka, in dem die Fischer von Lubenice ihre Boote ankern. Ein weiter Kiesstrand schließt sich an. Südlich befindet sich die **»Blaue Grotte«**, die man mit Ausflugsbooten auch von Cres anlaufen kann. Falls es mit dem Aufstieg vom Meer nach Lubenice doch etwas länger dauert: Im Dorf werden wenige Privatzimmer angeboten.
21 km südwestl. von Cres-Stadt

MERIAN-Tipp

10 Lubenice am Abend

Von Anfang Juli bis Ende August finden in der Kirche der hl. Maria von Lubenice klassische Konzerte statt. Beginn ist meist um 21 Uhr. Am besten verbinden Sie den Abstecher mit einem typischen Abendessen in dem Bergdorf, das Sie von Valun aus in etwa 20 Minuten mit dem Auto erreichen. Bei der Fahrt sollten Sie sich Zeit lassen, da die Straßen sehr schmal und die Randstreifen an vielen Stellen unbefestigt sind. Wer tagsüber schon in Lubenice eintrifft: Kurz hinter dem Dorf führt ein steiler, etwas beschwerlicher Pfad zur schönen, einsamen Badebucht hinunter.

⇢ S. 121, D 9

Essen und Trinken

Buffet Lubenicka Loza
Kleine Speisekarte; idyllische Lage unterhalb des Glockenturms.
UTP Cresanka; Tel. 51/84 04 27 •

Martinšćica → S. 121, D 9

In einer weiten Bucht liegt die einstige Fischersiedlung, die inzwischen ganz vom Tourismus lebt. Die meisten Besucher übernachten auf dem Campingplatz in der Bucht **Slatine**. Mit sanft abfallenden Kiesstränden eignet sich der stille kleine Ort – hier leben nur 186 Einwohner – besonders für einen Familienurlaub. Mit der Kirche des hl. Hieronymus, dem Franziskanerkloster und dem im 17. Jh. erbauten Kastell umgibt Martinšćica noch immer ein Hauch von Geschichte.
26 km südl. von Cres-Stadt

Der Weg auf schmalen kurvenreichen Straßen in die Berge lohnt sich: Lubenice hat Atmosphäre.

Hotels/andere Unterkünfte

Autocamp Slatina
Tel. 51/57 41 27; Fax 57 41 27; www.slatina-camping.de •

Service

Tourismusbüro Martinšćica
51556 Martinšćica; Tel. 51/5 74-107; Fax 5 74-167

Osor → S. 121, D 10

Die Insel von ihrer schönsten Seite: Den Hauptplatz mit Rathaus, Loggia, Bischofspalast und Marienkathedrale – die meisten Gebäude stammen aus dem 15. und 16. Jh. – umgibt eine erlebenswerte Atmosphäre, die man in Ruhe im »Café am Platz« genießen kann. Hier befindet sich auch eine Touristeninformation. In der **Kathedrale** finden im Sommer klassische Konzerte statt (»Musikabende von Osor«). Bis zum Jahr 814, als die Sarazenen den Ort in Schutt und Asche legten, sollen in Osor 30 000 Menschen gelebt haben.

Osor wird von einer noch teilweise erhaltenen Stadtmauer umschlossen, an der auch der einstige Friedhof und die Ruinen eines Benediktinerklosters liegen. Etwas außerhalb dagegen, an der **Bucht von Bijar** mit ihrem Kiesstrand, ragen die Ruinen des ehemaligen **Franziskanerklosters** auf.

Die schönsten Strände der Umgebung, ja für viele Istrien-Besucher sogar der ganzen Region, liegen bei **Punta Križa**. Den etwa 10 km entfernten Ort erreicht man über eine schmale Straße, die von Osor nach Osten führt. Von hier aus führt ein etwa 15-minütiger Fußweg direkt an einen der berühmtesten Küstenstrände. Beste Übernachtungsmöglichkeit für Camper ist **Baldarin Punta Križa** (Tel. 51/23 56 79, Fax 23 56 46), der 3 km südlich des Ortes liegt und etwa 1000 Personen Platz bietet. Wer Alternativen sucht, bleibt auf der Hauptstraße und fährt einige Kilometer wei-

Die Schafzucht ist ein wichtiger Erwerbszweig auf Cres. Die Schur im Juni und Juli ist ein sehenswertes Ereignis – Gäste sind dabei stets willkommen.

ter durch eine macchiaüberwucherte Landschaft, bevor man die ebenfalls zum Baden empfehlenswerte **Bucht von Baldarin** erreicht.
33 km südl. von Cres-Stadt

Hotels/andere Unterkünfte

Pension Osor
Familiär geführtes, sympathisches Haus nahe des Ortskerns.
Osor 28; Tel. 51/23 70 07; 14 Betten ● CREDIT

Autocamp Bijar
Freundlicher Platz zwischen Osor und Nerezine mit eigenem Strand; idealer Ausgangsort für Inseltrips.
Nerezine-Osor; Tel. 51/23 70 27, Fax 23 71 15 ●

Museen

Archäologisches Museum
Am Hauptplatz in einer römischen Loggia sind historische Funde wie Münzen, Glassplitter und Skulpturen ausgestellt.
Tgl. 10–14 und 19–22 Uhr (nur im Sommer)

Essen und Trinken

Buffet Osor
Fischspezialitäten in schönem Garten.
Osor 32; Tel. 51/23 71 67 ●●● CREDIT

Konoba Bonifacic
Sicher einer der schönsten Essplätze auf den Inseln: hübscher Garten, viel Ruhe und beste Lammspezialitäten.
Osor 64; Tel. 51/23 74 13, Fax 23 71 15 ●

Service

Tourismusverband Osor
Info-Büro am Hauptplatz;
Tel./Fax 51/23 70 07

Ustrine

→ S. 121, D 9

Schon die Römer wussten diesen Ort, 180 m steil über dem Meer thronend, zu schätzen: Nahe der Kirche des

In der malerischen Bucht von Mali Lošinj, der größten Siedlung der Kvarner Inseln, hat ein Obstboot aus einem der umliegenden landwirtschaftlichen Güter angelegt.

hl. Martin fand man die Reste einer römischen Villa. Ganz so komfortabel kann man heute in Ustrine nicht mehr übernachten. Trotzdem lohnt sich ein Ausflug für Gäste aus Osor. Besonders schön sitzt man auf einer der Terrassen bei Sonnenuntergang. Eine sehr steile Straße führt zur Küste, wo sich an der Ustriner Bucht einige Bademöglichkeiten auftun. Neben dem Tourismus verdienen die 34 Einwohner des Dorfes ihren Lebensunterhalt überwiegend durch Schafzucht: Bei der Schur im Juni und Juli können Gäste hautnah dabei sein.

28 km südl. von Cres-Stadt

Valun

→ S. 117, E 4

Wahre Istrien-Kenner schätzen den Fischerort an der Bucht von Cres schon lange. Die Folge: In den Sommermonaten findet man an den steilen Straßen vor dem Ortseingang kaum einen Parkplatz, abends sind die kleinen Restaurants am idyllischen Hafen meist voll besetzt. Trotzdem: Die einmalige Atmosphäre von Valun lohnt den Besuch. Sehenswert und weit über die Insel hinaus von kulturhistorischer Bedeutung ist die **Grabplatte von Valun** aus dem 11. Jh. mit einer zweisprachigen Inschrift (kroatisch und lateinisch), die in der Pfarrkirche aufbewahrt wird. In der Bucht gehen abends zahlreiche Boote vor Anker. In der Nähe des Ortes liegt der Campingplatz **Zdovice**.

15 km südwestl. von Cres-Stadt

Hotels/andere Unterkünfte

Gostionica Palàc

Einfache, aber saubere Unterkunft direkt am Hafen.

Valun 14; Tel. 51/53 50 11 (Vorausbuchungen ganzjährig unter Tel. 51/33 38 75); 30 Betten ● ✉

Essen und Trinken

Konoba Toš-Juna
Uriges Lokal in einer ehemaligen Ölmühle. Im Sommer abends meist überfüllt; bester Tipp für die Insel Cres.
Am Hafen; Tel. 51/52 50 84 ●/●● CREDIT

Service

Tourismusverband Valun
Info-Büro oberhalb des Hafens; Tel. 51/52 50 50, Fax 52 50 85

Inseln in der Umgebung

Lošinj

⟶ S. 121, D/E 10/11

6600 Einwohner
Karte → S. 83

Für viele Urlauber ist die Insel Lošinj nicht Ausflugs-, sondern Hauptziel ihrer Istrien-Reise. Meist schlagen sie ihre Zelte in **Mali Lošinj** auf, der Inselhauptstadt, oder in **Veli Lošinj**, dem eigentlichen Touristenzentrum der Insel. Zudem ist »Mali« beliebtes Ziel zahlloser Segeltörns durch die kroatische Inselwelt. Von Osor sind es 24 km bis nach Mali Lošinj. Die gut ausgebaute Straße führt zum größten Teil direkt an der Küste entlang. Ein Stopp lohnt sich dabei im Fischerort **Nerezine**, einige Kilometer hinter Osor.

Mali Lošinj ist mit über 6600 Einwohnern die größte Stadt in der Kvarner Bucht. Vorsicht: An kaum einem anderen Ort auf Lošinj oder Cres ist es so touristisch wie hier; deshalb kehren viele Besucher – nach einem Rundblick von der auf einem Hügel liegenden Marienkirche – der Stadt schnell den Rücken.

Dabei gibt es zwei Möglichkeiten, um in das wesentlich angenehmere Veli Lošinj zu gelangen: mit dem Auto oder zu Fuß auf der Promenade entlang der Küste mit zahlreichen Bademöglichkeiten – ein herrlicher Spaziergang, der rund 45 Minuten dauert. Das beschauliche, im Sommer etwas überfüllte »Veli« glänzt mit einem kleinen, aber idyllischen Hafen, hinter dem sich die **Pfarrkirche Sv. Antun** erhebt. Bis direkt ans Wasser stehen die Tische der zahlreichen Restaurants.

Noch stiller und überschaubarer zeigt sich der kleine Hafen von **Rovenska**, der nur etwa zehn Gehminuten von »Veli« entfernt ist. Am Hafen sitzt und isst man gut. In unmittelbarer Nähe zum Kai bieten mehrere Privatvermieter Apartments an: Es gibt auf Lošinj wohl nur wenige Plätze, die schöner gelegen sind.
55 km südl. von Cres-Stadt

Hotels/andere Unterkünfte

Alhambra ⟶ S. 83, b 5
An der schönen Bucht von Čikat gelegen; etwas abseits des lärmenden Zentrums von Mali Lošinj; das Gebäude ließ Franz Josef I. erbauen.
Čikat 15; Tel. 51/23 20 22, Fax 23 19 04; 100 Betten; www.island-losinj.com/hotelalhambra ●●● CREDIT

Hotel Kredo ⟶ S. 83, b 5
Direkt an der Cibort-Bucht; gutes Beispiel für gelungene Privathotel-Initiative; 1998 eröffnet.
Srebrnea uvala, Mali Lošinj; Tel. 51/23 35 95, Fax 23 82 74; www.kredo.hr; 8 Zimmer, 2 Apartments ●●

Essen und Trinken

Artatore ⟶ S. 83, b 5
Eine kleine kulinarische Oase in der touristischen Hektik; etwas abseits.
Artatore 132, Mali Lošinj; Tel. 51/23 29 32 ●● AmEx DINERS MASTER

Corrado ⟶ S. 83, b 5
Gute, bodenständige Küche von Meeresfrüchten (Krebsrisotto) bis zu Fleischgerichten. Vorbestellen!
Svete Marije 1, Mali Lošinj; Tel./Fax 51/232487 ●● AmEx VISA

Service

Jachthafen
Marina Mali Lošinj ⟶ S. 83, b 5
Privlaka bb, 51550 Mali Lošinj; Tel. 51/23 16 26; www.yc-marina.hr; 44° 28' N 14° 33' E

Tourismusverband Mali Lošinj
→ S. 83, b 5
Riva lošinjskih kapetana 29, 51550 Mali Lošinj; Tel. 51/23 18 84, Fax 23 15 47; www.tz-malilosinj.hr

Tourismusverband Veli Lošinj
→ S. 83, c 5
Obala Maršala Tita, 51551 Veli Lošinj; Tel. 51/23 62 56

Susak
→ S. 121, D 11

Herrliche Strände, Einsamkeit und ansonsten (fast) nur Natur. Im Sommer entfliehen täglich knapp 800 (Tages-)Urlauber dem Lošinj-Trubel und genießen hier die stillen Seiten der Kvarner Bucht (Abfahrt 8.45, Rückkehr 15 Uhr; Dauer ca. 60 Min.; Preis ab 88 Kn). Wer Ausdauer hat: Die Inselumrundung ist 11 km lang.

Es gibt zwei Läden, ein Touristenbüro, eine Post, eine kleine Krankenstation und vier (einfache) Konobas. Was es nicht gibt, sind asphaltierte Straßen. Zum Übernachten: Einfach, aber sauber ist das Haus **Stephania** (Stefanija Majetič; Susak br. 289; 51561 Susak; Tel. 51/239 060 (oder besser: E-Mail: alojz.majetic@zg.t).

Unije
→ S. 121, D 10

Die drittgrößte Insel des Archipels ist von üppiger Naturschönheit und mit zahlreichen einsamen Stränden gesegnet. Das von rund 80 Menschen bewohnte Eiland eignet sich für einen Tagesausflug von Mali Lošinj aus.

Krk
→ S. 118, A/B 6/7

16 500 Einwohner

Die Insel ist mit über 400 qkm und fast 40 km Länge nicht nur das größte Eiland in der Kvarner Bucht, sondern lockt auch die meisten Besucher an. Seit eine (mautpflichtige) Brücke Krk mit dem Festland verbindet, gibt es für Touristen kein Hindernis mehr. Die Folge: In den Sommermonaten ist die Insel meist ausgebucht.

Orte auf Krk

Baška
→ S. 118, B 7

800 Einwohner

Der Ort ist ein Muss für Kvarner-Bucht-Urlauber, denn hier hält die Landschaft ein Highlight parat: An einem weiten, rund 1800 m langen Kiesstrand ziehen sich die bunten Häuser des Fischerortes an der Küste entlang, überragt von kargen Berghängen – ein fantastisches Bild. Vom Strand führen einige steile Stufen in die Altstadt hinauf, wo es sich in den engen Gassen herrlich bummeln lässt.

In der Nähe von Baška liegt der kleine Ort **Jurandvor**. Hier wurde in der frühromanischen Kirche der hl. Luzia eines der ältesten Schriftstücke der kroatischen Sprache gefunden. Die wichtigste Aussage für viele Kroaten: »Das Bestehen eines kroatischen Staates wird bestätigt«, so interpretieren es einheimische Fachleute. Die Tafel von Baška ist in glagolitischer Sprache geschrieben und wurde um das Jahr 1100 gemeißelt. 1851 vom örtlichen Pfarrer entdeckt, wird das Original heute in der Akademie der Wissenschaft und Kunst in Zagreb aufbewahrt. Im Fußboden der Kirche befindet sich nur noch eine Gipskopie.
24 km östl. von Krk-Stadt

Hotels/andere Unterkünfte

Corinthia
Ein Komplex aus drei verschiedenen Häusern, alle nahe eines Kiesstrands.
Ulica Frankopanska; Tel. 51/65 61 11, Fax 85 65 84; www.hotelibaska.hr ●● CREDIT

Autocamp Zablaće
Campingplatz direkt am Kiesstrand.
Ulica Emila Geistlicha; Tel. 51/85 69 09, Fax 85 66 04 ●

Lošinj
a
b
c
1
2
3
4
5
6
Osorski Zaljev
Rt Osor
U. Balalta
Podolice
148
Verin
Ćutin
Majka Božja od Loze
Cres
Rt Kolo
Osor
Loze
Kvarnerić
Osoršćica
Tržić
Televrin
589
Halmac
V. Straža
154
Grmožaj
U. Toverašćica
Sv. Mihovil
Sv. Ivan
Rt Seka
Drakovac
Murtovnik
Rt Tanki
Sv. Nikola
Nerezine
Sv. Maria Magdalena
Podgora
Bučanje
Parhavac
Ograde
U. Kolorat
Rt Tomozina
Sv. Jakov
Punta Križa
8
Rt Sv. Damjan
Kalčić
283
U. Kaldonta
Reski
U. Meli
U. Tuhin
Rt Plantur
Draga
Pogana
Veli križ
215
Lučica
U. Baldarin
Bokinić
Lošinjski Kanal
Studenčić
Rt Suha
Polanža
212
Rt Liski
Ćunski
Veli Osir
Liski
Bradičina
144
Artatore
U. Liska Slatina
Kaštel
82
Tovar
116
Rt Kurila
U. Artaturi
Rt Beli art
Zabodaski
Murtar
Koludarc
L. Mali Lošinj
Poljana
Mali Lošinj
Sv. Martin
L. Čikat
Rt Madona
Veli Lošinj
Kalvarija
201
Sv. Ivan
Sv. Nikola
Rt Kriška
Grogošćak
211
U. Krivica
Pogled
242
Bonić
N
Rt Kornu
0
4,5 km
Sv. Petar
Ilovička Vrata
Ilovik
Ilovik
© MERIAN-Kartographie

SERVICE

Tourismusverband Baška
Kralja Zvonimira 11, 51523 Baška;
Tel. 51/85 68 17, Fax 85 65 44;
www.tz-baska.hr

Krk-Stadt

S. 118, A 7

In Krk wird der erste Eindruck anfangs von zahlreichen Neubausiedlungen getrübt, ehe im Hintergrund das mächtige Kastell und die Basilika auftauchen. Wer Ruhe sucht, wird der Stadt aber bald den Rücken kehren.

HOTELS/ANDERE UNTERKÜNFTE

Koralj
Etwa einen Kilometer vom Ortszentrum Krk entfernt, dafür ruhige Lage.
Ulica Vlade Tomašića; Tel./Fax 51/22 10 44; 400 Betten; www.zlatni-otok.hr
●● CREDIT

Autocamping Ježevac
Campingplatz in relativ naturbelassenem Zustand, direkt beim Hafen.
Ulica F. Zazinovića; Tel./Fax 51/22 10 81;
E-Mail: jezevav@zlatni-otok.hr ●

SEHENSWERTES

Altstadt
Wenn Sie mit dem Auto unterwegs sind, parken Sie das Fahrzeug beim Kreisverkehr am Ende der Ulica Slavka Nikoliča. Anschließend schlendern Sie auf der Obala Hrvatske Mornarice am Hafen entlang und erreichen den Trg Bana Josipa Jelačića. Hier befindet sich auch der alte **Stadtturm** aus dem Jahr 1470, dahinter schließt sich das von alten Stadtmauern umgebene Zentrum an (erbaut im 12.–14. Jh.).

In ihrer jetzigen Form wurde die **Kathedrale Maria Himmelfahrt** im 12. Jh. auf den Überresten römischer Thermen erbaut. Sehenswert im Inneren sind ein reich geschmückter Altar von 1477 und die holzgeschnitzte Kanzel aus dem 17. Jh. Aus der gleichen Epoche stammt der Glockenturm. Gleich nebenan, über einen Durchgang zu erreichen, liegt die ebenfalls sehenswerte **Kvirin**. Ende des 12. Jh. wurde das **Kastell** fertig gestellt, das direkt an der Küste emporragt.

ESSEN UND TRINKEN

Frankopan
An der Sv. Kvirin und neben der Kathedrale serviert man Fischspezialitäten; abends reservieren!
Trg Sv. Kvirina; Tel. 51/22 14 37 ●●●
CREDIT

SERVICE

Tourismusverband Stadt Krk
Vela placa 1/1; Tel./Fax 51/22 14 14;
www.tz-krk.hr

Tourismusverband Insel Krk
Trg Sv. Kvirina 1; Tel./Fax 51/22 13 59;
www.krk.hr

Malinska

S. 118, A 6

1000 Einwohner

Seinen bekannten Namen verdankt der Ort an der Westküste in erster Linie einer gigantischen Hotelanlage: Der Komplex »Haludovo« mit zahlreichen Hotels ist jedoch wegen Insolvenz derzeit geschlossen. Der allabendliche Treffpunkt ist die **Obala** entlang des stimmungsvollen Hafens mit Cafés, Restaurants und Souvenirständen. Allerdings hat Malinska in den letzten Jahren etwas an Attraktivität verloren.

Etwas außerhalb liegt das Franziskanerkloster **Porat**. Noch etwas weiter entfernt befindet sich der Ort **Glavotok**. Das Fischerdorf ist in erster Linie wegen des Franziskanerklosters bekannt, in dem sich ein Archiv und eine Bibliothek mit glagolitischen Handschriften befindet.
12 km nordwestl. von Krk-Stadt

HOTELS/ANDERE UNTERKÜNFTE

Slavija Marina
In der Nähe des Hafens.
Tel. 51/85 91 22, Fax 85 91 34;
250 Betten ●● CREDIT

Der Hafen von Krk mit der Altstadt. Die Kathedrale Maria Himmelfahrt entstand im 12. Jahrhundert auf den Ruinen römischer Thermen.

SERVICE

Tourismusverband Malinska
Obala 45, 51511 Malinska; Tel./Fax 51/85 92 07; www.tz-malinska.hr

Njivice

→ S. 118, A 6

1200 Einwohner

Ein junger Touristenort mit wenig Charme. Das Meer an den öffentlichen Stränden erreicht man meist nur über Betonplatten. Allerdings bieten sich von einigen Hotelanlagen aus attraktivere Bademöglichkeiten.
17 km nördl. von Krk-Stadt

SERVICE

Tourismusverband Njivice
Ribarska obala 10, 51512 Njivice; Tel. 51/84 62 43; www.tz-njivice-omisalj.hr

HOTELS/ANDERE UNTERKÜNFTE

Beli Kamik
Nur etwa 100 m von einem guten Strandabschnitt entfernt; zahlreiche Sportmöglichkeiten.
Primorska cresta bb; Tel. 51/84 61 12, Fax 84 61 16; www.hoteli-njivice.hr; 320 Betten ●●

Punat

→ S. 118, B 7

1700 Einwohner

Am Ostufer der Puntarska Draga gelegen, hat es der kleine Fischerort bisher nicht geschafft, touristisch aus dem Schatten des großen Nachbarn Krk herauszutreten – obwohl sich hier eine große **Marina** befindet. Wer einen Blick in die Vergangenheit werfen will, sollte die **Ölmühle** aus dem 18. Jh. ebenso wenig versäumen wie die **Dreifaltigkeitskirche**. Abends schlendert man über die Obala am Hafen entlang. Von Punat führt eine befestigte Straße nach Stara Baška.
10 km östl. von Krk-Stadt

HOTELS/ANDERE UNTERKÜNFTE

Hotel Park Punat
Zentral an der Obala gelegenes Hotel.
Obala 94; Tel./Fax 51/85 40 24, 480 Betten ●● CREDIT

Die Glockentürme der vier Kirchen von Rab sind das Erkennungszeichen der Insel.

Autocamp Pila
Liegt am Ortsrand, nahe der Küste.
Tel. 51/85 41 22, Fax 85 40 20 ●

SERVICE

Jachthäfen

Marinas Punat und **Klimno**
Zentrale: Tel. 51/65 41 11, Fax 65 41 10 bzw. Tel. 51/65 41 20, Fax 65 41 21; www.marina-punat.hr;
Marina Punat: 45° 01, 3' N 14° 37,6' E

Tourismusverband Punat
Obala 72, 51521 Punat;
Tel. 51/85 48 60; www.tzpunat.com

Vrbnik

S. 118, B 6

950 Einwohner

Die unter Denkmalschutz stehende Kastellstadt ist beliebtes Ziel von Malern. Neben der erlebenswerten Atmosphäre ist die etwa 15 000 Bücher umfassende **Vitezović-Bibliothek** sehenswert, darunter auch ein 1718 in Nürnberg gedruckter Atlas von J. D. Köhler. Auf jeden Fall sollten Sie die berühmten Käse- und Schinkenspezialitäten des Ortes probieren. Ein idealer Platz dazu ist die **Konoba Nada** unweit des Kirchplatzes. Wer schöne Strände sucht, wird hier allerdings enttäuscht sein.

Weitere lohnende Abstecher an der Nordostküste Krks sind die **Bucht von Klimno** und der Fischerhafen **Šilo**.
15 km nordöstl. von Krk-Stadt

SERVICE

Tourismusverband Vrbnik
Trg Sv. Inana 2, 51516 Vrbnik;
Tel. 51/85 71 28; www.vrbnik.net

Rab

S. 118, B/C 8

Insel Rab 9600 Einwohner
Stadtplan Rab → S. 87

Das grüne Erwachen kommt erst auf den zweiten Blick: Die 94 qkm kleine Insel Rab empfängt den Besucher eher rau, egal ob man das Festland bei Jablanac verlässt oder sich von Baška auf der Insel Krk nähert. Schroffe Karstlandschaft mit spärlicher Macchia flimmert in der Sonne, die in Rab jährlich rund 2500 Stunden scheint und ihr so den Titel »einer der strahlendsten Orte Europas« eingebracht hat.

So karg der raue Norden der Insel auch ist, den Süden bedeckt üppiges Grün: Eichen- und Pinienwälder, prächtige Wein- und Maisfelder. Im Zentrum steht aber der sehenswerte Ort **Rab,** dessen typische »Vier-Kirchtürme-Ansicht« längst zum weltweiten Erkennungszeichen geworden ist. Der Ferienort **Lopar** auf der Nordspitze der Insel ist insbesondere durch seinen fast 2 km langen und sehr sanft ins Meer abfallenden Strand **Paradiso** berühmt – ideal für Familien. Ebenfalls gefragt sind **Supetarska Draga** mit Stränden und einer modernen Marina, **Kampor** mit zahlreichen familienfreundlichen Pensionen und der nahen Hotelsiedlung **Suha Punta** sowie **Banjol** und **Barbat**.

Hotels/andere Unterkünfte

Die meisten Unterkünfte konzentrieren sich auf die Orte Rab, Banjol, Kampor mit Suha Punta und Lopar.

Padova ⇢ S. 118, B 8

Östlich der Altstadt von Rab in Banjol; ideal für Urlauber, die sich nicht nur einmal ins Nachtleben stürzen.

Šetalište kapetana Ivana Dominisa; Tel. 51/72 44 44, Fax 72 44 18; www.imperial.hr; 390 Betten ●● CREDIT

San Marino ⇢ S. 118, B 8

Direkt an einem der schönsten Strände von Rab!

Lopar; Tel. 51/77 51 49, Fax 77 51 28; 1020 Betten ●● CREDIT

Autocamp San Marino ⇢ S. 118, B 8

Die günstige Alternative für den gleichen Genuss des Paradiesstrandes.

Lopar; Tel. 51/77 51 33, Fax 77 52 90 ●

Sehenswertes

Altstadt von Rab ⇢ S. 87, a/b 1/4

Natürlich führen alle Wege zum Wahrzeichen des Ortes, den **vier Kirchtürmen**, auf zahllosen Postkarten zum Klischee geworden. Der Turm der **Sv. Ivan Evangelista** kann kostenlos bestiegen werden – ein Muss wegen des herrlichen Blicks. In der nahen **Sv. Justin** – sehenswert ist das Altargemälde – ist das **Museum für Sakrale Kunst** untergebracht.

9

Hinter dem Trg slobode – im Mittelpunkt steht eine hundertjährige Eiche, und rechts führen Stufen hinunter zu einigen Felsstränden – liegt die **Sv. Andrije** mit dem ältesten Glockenturm der Stadt aus dem Jahre 1181. Hier leben noch immer einige Schwestern des Benediktinerordens.

Der mit 26 m höchste Turm (Besteigung möglich), auf dessen Spitze ein Turmhelm mit Kreuz thront, gehört zur Domkirche **Sv. Marija Velika**. Der imposante Dom wurde 1177 von Papst Alexander persönlich eingeweiht: Die dreischiffige Basilika im romanischen Stil gehört zu den bedeutendsten Bauwerken dieser Art an der istrischen Adria; sie sollte – nicht nur wegen ihres holzgeschnitzten Chorgestühls aus dem 15. Jh. – unbedingt besichtigt werden. Hinter der Domkirche liegt das ebenfalls aus dem 15. Jh. stammende Kloster **Sv. Antun-Opat**.

Zurück zur Hafengegend: Am Trg Municipium Arba liegt der **Rektorenpalast** aus dem 13. Jh., und etwas oberhalb – nachdem Sie durch ein altes Seetor gegangen sind – kommen Sie zur venezianisch geprägten **Stadtloggia** (Anfang 16. Jh.).

Essen und Trinken

Labirint ⇢ S. 87, b 2

Fischgerichte und zahlreiche lokale Weine bietet das Lokal im historischen Stadtkern.

Srednja Ulica 9; Tel. 51/77 11 45 ●●

Santa Maria ⇢ S. 87, a 3

Etwas touristisch mittlerweile, aber das hat zwei gute Gründe: Die sehr schmackhaften Fischgerichte und das schöne maritime Ambiente locken nun mal viele Gäste an.

D. Dokule 6; Tel. 51/72 41 96 ●● AmEx DINERS

Aco ⇢ S. 118, B 8

In Barbat direkt am Meer gelegen; privates Flair, auch Zimmervermietung.

Barbat 458; Tel. 51/72 15 27; www.otokrab.hr/aco ● CREDIT

Konoba Rab ⇢ S. 87, a 2

Einheimische Küche in schönem Ambiente zu ordentlichen Preisen.

Kneza Branimira 3; Tel. 51/72 56 66 ● AmEx DINERS VISA

Service

Tourismusverband Rab ⇢ S. 87, b 1

Trg Municipium Arba 8, 51280 Rab; Tel. 51/72 40 64, Fax 72 50 37; www.tzg-rab.hr

Jachthafen

Marina ACI Rab ⇢ S. 87, b 3

Tel. 51/72 40 23; geöffnet 15. März–1. Nov.; 44° 45,4' N 14° 46,0' E

Routen und Touren

Über die Wellen zu Istriens Schönheiten: Fähre von Mali Lošinj nach Susak.

Inselhüpfen heißt Küsten entdecken – die Küsten von Cres, Lošinj, Krk und Rab. Doch das »wahre« Istrien – so die Einheimischen – findet man erst im Hinterland.

Das unbekannte Hinterland – Von Poreč durchs Landesinnere

Charakteristik: Land und Leute abseits der ausgetretenen Pfade entdecken; **Dauer:** 1–2 Tage; **Länge:** ca. 200 km; **Einkehrmöglichkeiten:** z. B. Konoba Toklarija in Buzet oder Humsaka Konoba in Hum; **Karte:** ⟶ S. 116, A 3 (Ausgangspunkt)

Das wahre Istrien liegt im Landesinnern, das Sie am besten mit dem Auto, etwas Abenteuerlust und viel Zeit erkunden. Detaillierte Beschreibungen der Orte und Restaurant-Empfehlungen finden Sie jeweils im Kapitel »Sehenswerte Orte«.

Višnjan ⟶ Buzet

Bereits nach rund 10 km passiert man den Ort **Višnjan** mit der barocken Pfarrkirche und der Stadtloge am Hauptplatz. Ein Stopp ist nach so kurzer Fahrt vielleicht nicht jedermanns Sache, zumal schon bald ein ganz besonderer Grund zum Halten kommt: 3 **Grožnjan**. Der Künstlerort ist direkt über die Hauptstraße 21 und eine kleinen Abzweigung auf der rechten Seite (achten Sie genau auf das Hinweisschild!) oder aber nach einem Abstecher nach **Buje** und dann der Annäherung aus dem »Hinterhalt« zu erreichen. Egal woher Sie kommen: Nehmen Sie sich viel Zeit zum Verweilen – es lohnt sich, denn der Ort ist einer der unbestrittenen Höhepunkte dieser Fahrt.

Wieder unten im Tal halten Sie sich Richtung Buzet. Auf der gut ausgebauten Strasse geht es entlang der »begradigten Mirna« Richtung **Motovun**. 288 m »schwebt« der Ort über der Landschaft, lediglich überragt von der Pfarrkirche Sv. Stefan. Umgeben von einer bis zu 15 m hohen Stadtmauer, die stellenweise noch begehbar ist, haben sich Teile des mittelalterlichen Stadtbildes erhalten. Im Café hinter dem Stadttor – mit schönem Blick auf das Tal und den Fluss Mirna – lohnt sich eine Erfrischungspause – insbesondere nach einem Rundgang über die Stadtmauer. Wenn Sie nicht mit dem Auto zum Stadtkern aus dem 13. Jh. hinaufgefahren sind, sondern zu Fuß die insgesamt 1052 Stufen bewältigt haben, dann gibt es zwei Möglichkeiten der Erholung: Im Trüffeldorf **Livade** oder im 5 km nordöstlich gelegenen **Istarske Toplice.** Hier sprudeln landesweit geschätzte Thermal- und Heilquellen, die bereits die Römer zu schätzen wussten. Heute suchen vor allem Rheumatiker den Ort auf.

Buzet ⟶ Hum

In **Buzet** heißt es dann wieder die Augen noch oben richten: Der erstmals 804 erwähnte Ort thront auf einem Hügel über der Mirna-Quelle. Sehenswert sind, neben dem Heimatmuseum, die Stadttore und Verteidigungsanlagen sowie 14 Kirchen, von denen eine, nämlich Sv. Juri, mit wertvollen Gemälden ausgestattet ist. Hinter Buzet beginnt das Gebirge Ćićarija (bis über 1200 m hoch), das sich für Wanderungen und zum Bergsteigen eignet. Wer diesen sportlichen Ausflug plant, sollte in Buzet übernachten.

Bei der Wahl der Lokalität für das Abendessen haben Sie mindestens zwei emfehlenswerte Alternativen: Ein unbedingtes Muss, wenn Sie nicht schon tagsüber da waren, ist die **Konoba Toklarija** unter Küchenleitung von Nevio Sirotic, der seine Gäste mit Kaninchenroulade oder Trüffelpilzen verwöhnt. Achtung: Reservieren Sie früh genug, denn die Konoba hat nur Platz für 38 Gäste. Sind Sie zu spät dran, folgen Sie einfach der Route: In der **Humsaka Konoba** in Hum (Hum 2; Tel. 52/66 00 05; www. 10

hum.hr •) wird der Gast ebenfalls bestens versorgt.

Der nächste Abstecher ist sozusagen eine »Einbahnstraße«, aber für jeden Urlauber, der genug Zeit hat, lohnend: Beim 8 km entfernten Roč biegt man Richtung **Hum** ab, der »kleinsten Stadt der Welt« mit nicht einmal zwei Dutzend Häusern (die geschäftstüchtigen Bewohner haben sich diesen Titel einfallen lassen). Das ehemalige **Castrum Chlom** liegt am Ende der so genannten Glagoliterallee (»aleja glagoljasa«): Elf Gedenkstätten erinnern auf einer ca. 7 km langen Strecke an die Glagoliza, die erste altslawische Schrift, die von den slawischen Aposteln Kyrillos und Methodios im 9. Jh. entwickelt und verbreitet wurde. Vom kurzen Rundgang zwischen der mit Fresken geschmückten Kirche Sv. Jeronim und der Pfarrkirche können Sie sich ganz rustikal in der »Humsaka Konoba« des Ortes ausruhen. Nach der exzellenten »Nedeva«-Suppe oder pikanten »Fuži« mit Trüffeln ist ein »Biska«, ein bekömmlicher Mistelschnaps, Pflicht. Inzwischen gibt es hier im Sommer einfache Übernachtungsmöglichkeiten.

Buzet ···> Žminj

Wieder zurück in Buzet, dem nördlichsten Punkt der Reise, folgt man den Hinweisschildern Richtung Prodani. Von nun an führt der Weg nach Süden. **Draguč** wird man kaum passieren, ohne einen Stopp einzulegen, ehe man auf der Hauptstraße 2–1 nach Pazin kommt. Für die Zentralregierung in Zagreb ist die Stadt das politische und wirtschaftliche Zentrum Istriens. In den Herzen der meisten Istrier steht allerdings Pula an der Adriaküste auf Platz eins. Und Urlauber würden wohl ebenso entscheiden.

Während bei den meisten Orten der Route bisher der Blick nach oben auf Hügel und Berge ging, richten sich in **Pazin** alle Augen erst einmal nach unten: In einem 130 m tiefen Loch, der Paziner Höhle, verschwindet der Fluss Pazinčica. Direkt am Rande dieser Schlucht ragt das Kastell auf, dessen Grundmauern bis in das 9. Jh. zurückreichen. Hier befindet sich auch das Paziner Heimatmuseum mit zahlreichen archäologischen und ethnologischen Ausstellungsstücken. Sehr schöne spätgotische Fresken lassen sich in der Kirche Sv. Ni-

Im über 900 Jahre alten Ort Hum wohnen heute nur noch wenige Dutzend Menschen. Die gleichnamige urige Konoba ist aber unbedingt einen Besuch wert.

Viele Dörfer im Hinterland von Istrien sind durch verwinkelte mittelalterliche Gassen geprägt.

kolaus betrachten. Wer unbedingt noch in Pazin übernachten will: Das **Motel Lovac** (Šime Kurilića 4; Tel. 52/ 62 43 84) bietet die Gelegenheit dazu.

Der Besuch in Pazin ist jedoch nicht vollständig ohne einen Abstecher nach **Beram**: Die gotische Friedhofskirche Sv. Marija na Škriljinah – etwa zwei Kilometer nordöstlich des Ortes – gehört mit ihren mittelalterlichen Fresken im Inneren zu den kulturellen Höhepunkten ganz Istriens. Die Arbeiten fertigte Vincentius de Castua im Jahre 1474. Insgesamt sind in 46 Abschnitten Szenen aus dem Leben Christi und der Gottesmutter zu sehen. Die Kirche liegt außerhalb und ist nicht ganz leicht zu finden. Den Schlüssel gibt es bei der alten Dame im Haus hinter der Dorfkirche von Beram.

Žminj ···> Poreč

Zurück in Pazin, führt die Fahrt 15 km weiter Richtung Süden nach **Žminj**, das im Herzen Rot-Istriens liegt. Den Namen verdankt die Region der roten Erde. Ihr »Weltruhm« geht dagegen auf das erstklassige Holz zurück, das im Mittelalter für Schiffe und Weinfässer gleichermaßen verwendet wurde. Nachdem Sie einen Blick auf und in die Pfarrkirche mit dem schönen Altar sowie die Kirche der hl. Dreieinigkeit geworfen haben, können Sie bei viel Zeit noch einen Abstecher in das weiter südlich gelegene Renaissancestädtchen Svetvinčenat werfen.

Ansonsten sollten Sie sich auf eine Erfrischung freuen, denn von Žminj aus gibt es nur noch ein Ziel: die Küste, die nach etwa 200 km im Landesinneren erreicht sein wird. Über Kanfanar erreichen Sie die Hauptstraße 2 (nur wenn Sie es eilig haben, bietet sich die Schnellstraße nach Norden an). Wer **Rovinj** nicht kennt, fährt an der »2« geradeaus weiter und erreicht den Urlaubsort nach 11 km.

Falls man lieber direkt zurück Richtung Poreč möchte, hält man sich rechts und kommt nach kurzer Zeit an den östlichen Ausläufer des Limski Fjords. Wer diesen wegen des dort herrschenden Rummels nicht besuchen möchte, sollte unbedingt das nahe Weingut **Matošević** besichtigen. Dazu folgt man der Abzweigung nach Krunčiči. Rufen Sie aber bitte vor einem geplanten Besuch besser dort an (Tel. 98/36 73 39)!

Danach brechen Sie bei Sonnenuntergang zum letzten Teil der Entdeckungstour auf – und schon bald erreichen Sie bei **Vrsar** wieder die Küste und anschließend den Ausgangsort Poreč. Am nächsten Morgen hat Sie der Urlaubsalltag zwischen Strand und Nachtleben vielleicht schon wieder eingeholt – und Sie haben das gute Gefühl, das Landesinnere und damit das geschichtsträchtige Herz Istriens kennen gelernt zu haben.

Inselhüpfen im Kvarner Golf – Unterwegs mit Schiff und Auto

Charakteristik: Eine Robinsonade der besonderen Art mit einsamen Stränden und lebhaften Häfen erwartet Sie bei diesem Ausflug. **Dauer:** mindestens 5 Tage; **Einkehrmöglichkeiten:** In allen größeren Orten auf den Inseln gibt es zahlreiche Restaurants; **Karte:** ⟶ Umschlagkarte vorne

Wenn Sie in Poreč oder Rovinj Ihr Urlaubsquartier haben, starten Sie einfach durchs Inland Richtung Kvarner Bucht; Ihr Ziel ist nach rund 70 km **Brestova**, von wo aus stündlich (zwischen 6.30 und 20.30 Uhr; zusätzliche Abfahrten werden in der Hochsaison angeboten) die Fähre zur Insel Cres startet.

Cres ⟶ Krk

Nach 20-minütiger Überfahrt erreichen Sie **Porozina**, und das Abenteuer Cres kann beginnen: Für viele Besucher ist die Insel trotz ihres schroffen Karstgesteins das schönste Eiland des Golfs. Belege für diese Überzeugung gibt es bereits kurz nach der Ankunft genug: Der Abstecher nach Beli, ein Rundgang durch das alte Zentrum von Cres oder ein Glas Rotwein in der Abendstimmung von Valun, wo Sie übrigens am besten die erste Übernachtung einplanen, überzeugen auch weniger eingeschworene Insel-Freaks.

Der nächste Tag gehört ganz der Insel Cres: Baden können Sie wunderschön rund um **Punta Križa**, zu Abend essen sollten Sie in **Ustrine** und übernachten in Osor. Diese 4000 Jahre alte Stadt ist auch der beste Ausgangsort für die Entdeckung der Nachbarinsel Lošinj am nächsten Tag: Den Ort Veli Lošinj sollte man auf keinen Fall versäumen. Falls Sie nicht mehr viel (Urlaubs-)Zeit haben: Von **Mali Lošinj** verkehrt eine Fähre nach **Pula** und bietet so die schnelle Rückkehr zum Ausgangsort.

8

Am nächsten Morgen sollten Sie Osor nicht allzu spät den Rücken kehren, denn es steht heute ein Insel-Wechsel bevor: Dazu müssen Sie ein

Weit ragt der Hafenkai in das tiefblaue Wasser der sichelförmigen Bucht von Baška auf Krk hinein. Von hier verkehren die Fährschiffe zur Nachbarinsel Rab.

Auf Cres schätzt man auch heute noch eine langsamere Gangart.

Stück zurück Richtung Hauptstadt Cres, lassen den Ort jedoch links liegen und fahren wenig später rechts ab nach **Merag**: Die Fähre (Abfahrt etwa jede Stunde) bringt Sie in gut 20 Minuten nach Valbiska auf Krk, der größten Kvarner-Insel. Sehenswert ist die gleichnamige Hauptstadt mit der Kathedrale Maria Himmelfahrt, dem Kastell und den Überresten der Altstadtbefestigung. Nach einem Mittagessen – am besten im Restaurant Frankopan, gleich neben der Kirche Sv. Kvirin – fahren Sie gemütlich auf einer meist gut ausgebauten Straße Richtung **Baška** (19 km). Der Küstenort bietet einen der schönsten Strände Krks, dazu eine stimmungsvolle Altstadt und lässt beim Besucher eigentlich nur eine Frage offen: Wie lange kann ich bleiben?

Krk ⇢ Rab

Die Fähre hat man dabei immer vor Augen – die Überfahrt zur Insel **Rab** lässt sich also auch spontan beschließen. Ihre Badesachen brauchen Sie allerdings während der knapp 45-minütigen Passage (im Sommer vier Abfahrten täglich: um 9, 13, 16 und 20 Uhr) gar nicht erst zu verstauen: Bereits kurz nach der Ankunft in **Lopar** lockt die Küste zum nächsten Badestopp. Entspannen Sie sich, denn bis zum »Etappenziel« nach Rab sind es nur knapp 20 km – und hier müssen Sie in der **Altstadt** auf jeden Fall 9 den Abend verbringen. Am besten gönnen Sie sich zuerst den herrlichen Blick vom Kirchturm als Einstimmung, und anschließend lassen Sie bei einem Glas Rotwein in einem der zahlreichen Restaurants der Stadt die letzten Tage Revue passieren. In der Raber Altstadt ist es übrigens mit der Inselidylle vorbei; stattdessen gibt es einen recht lebhaften Abschied von der Kvarner Bucht.

Rab ⇢ Rijeka

Am nächsten Morgen müssen Sie sich wieder einmal entscheiden: Die billigere, aber etwas anstrengende Rückfahrt mit dem Auto führt von Mišnjak zum Festland bei Jablanac und über die E 65 nach **Rijeka**. Besser, weil erholsamer, ist die Passage mit der Fähre nach Rijeka.

Was Sie bei der Planung des Insel-Hoppings unbedingt beachten sollten: Zum einen kann es in der Hochsaison zu Wartezeiten (mehr als eine Stunde) vor den Fähren kommen; dies sollten Sie bei Ihrem Zeitplan einkalkulieren. Noch Schlechter sieht es oftmals bei der Verbindung Mišnjak–Jablanac aus: Längere Wartezeiten sind hier leider normal; außerhalb der Hochsaison verkehren die Fähren weniger regelmäßig. Zum anderen sind die Inselhotels in der Regel ausgebucht, oder man vermietet prinzipiell keine Zimmer für weniger als drei Nächte. Hier heißt die einzige Lösung Camping – zumal das Angebot an Plätzen recht umfangreich ist und die Ausstattung meist guter Durchschnitt.

Buchten und Berge auf der Insel Lošinj – Fußmarsch auf den Televrina

Charakteristik: Die Bergwanderung auf den Televrina ist eine sportliche Herausforderung; **Dauer:** mindestens 5 Stunden; **Einkehrmöglichkeiten:** sehr eingeschränkt, Sie sollten eigenen Proviant und Getränke bei sich haben; **Karte:** → S. 83, a 2

Ideal für Trips in die »Berge« sind die Inseln Cres und Lošinj. Am höchsten hinaus führt dabei der Lošinjer Wanderweg zum 589 m hohen Gipfel Televrina im Gebirgszug Osorščica.

Frühaufsteher sind gefragt, denn man muss rund vier bis fünf Stunden Zeit einplanen und sollte vor der großen Mittagshitze am Ziel sein. Start ist in **Nerezine** neben der Kirche Sv. Maria Magdalena. Der anfangs gut angelegte Weg führt später über einige Steinfelder.

Nach einer knappen Dreiviertelstunde erreicht man den ersten Kontrollpunkt (Počivalica). Nun führt der Weg bergauf bis zur **Sv. Nikola**, wo sich nicht nur der zweite Kontrollpunkt, sondern auch ein idealer Rastplatz befindet. Von hier aus haben Sie den besten Ausblick: die Inseln Unije und Susak im Westen, das alte Osor und dahinter die Insel Cres im Norden, im Osten liegt Nerezine ganz nah und am Horizont die Insel Rab. Im Süden erkennt man bei klarem Wetter große Teile von Lošinj und weiter entfernt die Insel Pag. Nahe der Kapelle steht ein Wegweiser: Sie können hier nach Nerezine hinabwandern, oder auf den **Televrina** steigen. Zuvor sollten Sie den kurzen Abstecher zur **Höhle des hl. Gaudentius** einplanen: Der Schutzheilige von Osor lebte im 11. Jh. hier oben lange Zeit als Einsiedler.

Beim »Gipfel« Gredice (338 m) ist in der Hochsaison eine kleine Berghütte geöffnet – ein guter zweiter Rastplatz mit Getränken und einfachen Gerichten im Angebot. So gestärkt geht es nun talwärts. Nach rund einer Stunde endet der Ausflug auf das Dach von Lošinj in **Osor**. Den Ausgangspunkt dieser Wanderung, Nerezine, erreicht man wieder mit regelmäßig verkehrenden Bussen.

Lošinj, eine Insel mit Gegensätzen: Ihre Nordwestküste ist steil und felsig, ihre flachere West- und Südwestküste von Pinienwäldern bedeckt.

Wissenswertes über Istrien

Sonnenuntergang an der Riviera von Opatija. Die Stadt gilt als Keimzelle des istrischen Tourismus, schon die Österreicher der Belle Époque begeisterten sich für diese Gegend.

Istrien im Überblick: viele nützliche Infos zur Reisevorbereitung und für den Aufenthalt vor Ort. Mit Geschichtstafel, Internetadressen, Reiseknigge und Verkehrsverbindungen.

Jahreszahlen und Fakten im Überblick

5. Jh. v. Chr.
Erste Spuren einer keltisch-illyrischen Kultur.

Ab 2. Jh. v. Chr. – 9. Jh. n. Chr.
Die römische Eroberung mündet – trotz harten Widerstands – in der Gründung der Provinz Venetia et Histria. Pula wird Verwaltungszentrum.

4. Jh.
Durch die Region verläuft die Grenze zwischen West- und Oströmischem Reich.

6. Jh.
Byzanz übernimmt die Herrschaft über das Gebiet. Nachdem ein Bund aus Avaren und Slawen die Macht bedroht, ruft Kaiser Heraclius die Kroaten, die nördlichen Feinde der Avaren, zu Hilfe. Sie erreichen die Küste um 635. Die Herkunft der Kroaten ist bis heute nicht eindeutig geklärt: Wahrscheinlich kamen sie ursprünglich aus dem iranischen Raum, unterwarfen einige Slawenstämme im Gebiet der Karpaten und zogen weiter in das heutige Kroatien.

8. Jh.
Unter fränkischer und byzantinischer Oberhoheit wird das Gebiet christianisiert.

804
Vor allem die Franken schränken die Rechte der Städte stark ein. Als Folge werden auf der Versammlung von Riesan heftige Vorwürfe gegen die Regierenden erhoben.

845–1088
Die Dynastie der Trpimirovice beherrscht den ersten unabhängigen Staat Kroatien.

925
Der Papst erkennt Fürst Tomislav als König der Kroaten an.

Ab 12. Jh.
Die wirtschaftliche Abhängigkeit von Venedig erstreckt sich über den gesamten Küstenstreifen Istriens.

1102
Der ungarische König Koloman lässt sich zum kroatischen König ausrufen. Damit beginnt ein fast 800 Jahre andauernder ungarischer Einfluss. Kroatien wird in dieser Zeit zum »Bollwerk« gegen den türkischen Einfluss.

Ab 15. Jh.
Istrien wird bis zum Fall der Venezianischen Republik im Jahre 1797 in einen venezianischen und einen österreichischen Teil aufgegliedert. Es kommt immer wieder zu kriegerischen Auseinandersetzungen zwischen den beiden Lagern.

Ende 18. Jh.
Die Franzosen übernehmen in der Folge der Napoleonischen Kriege für kurze Zeit die Geschicke Istriens. Sie sind aber in ihrem politischen und ökonomischen Handeln eher glücklos.

1830–1848
Unter der Führung von Ljudevit Gaj versucht die Illyrische Bewegung (auch Kroatische Nationale Wiedergeburt genannt), die Urbevölkerung in den kroatischen Gebieten im Kampf gegen die ungarische Herrschaft zu einen.

1918
Gründung eines Königreichs aus Slowenen, Serben und Kroaten (SHS) – der erste jugoslawische Staat. Nach der Proklamation am 1. Dezember in Belgrad kommt es bereits wenige Tage später zu Demonstrationen gegen die zwangsweise vorgenommene Staatsgründung. In Zagreb protestieren kroatische »Landwehrmänner«, doch ihr Aufmarsch wird niedergeschlagen.

Ende Erster Weltkrieg
Istrien wird von der italienischen Armee besetzt. Als 1922 die Faschisten in Italien an die Macht kommen, verstärkt sich der Terror weiter. Die kroatische Sprache wird an allen öffentlichen Stellen verboten.

Zweiter Weltkrieg
Istrien wird 1941 von italienischen Truppen besetzt; Mussolini und Hitler unterstützen die Gründung eines »Unabhängigen Staates Kroatien«. Ante Pavelić übernimmt die Führung, seine »Ustaša« betreibt mit brutaler Gewalt eine ethnische Säuberung.

1946
Kroatien wird Sozialistische Republik des Bundesstaates Jugoslawien.

1988–1990
Aufkeimender Nationalismus beschert Franjo Tudjman von der nationalistischen HDZ-Partei einen Wahlsieg (1990). Im April und Mai 1990 wird die souveräne Republik Kroatien gegründet. Rund 800 000 Serben im Land sehen sich von dieser Entwicklung bedroht. Es kommt zu ersten Ausschreitungen.

1991
Am 19. Mai stimmen rund 90 % der Wahlberechtigten für einen unabhängigen und souveränen Staat Kroatien (Wahlboykott der Serben). Die Lage eskaliert: Es kommt zu schweren Konflikten mit den von Belgrad unterstützten Serben; Istrien ist kaum betroffen. Am 25. Juni wird im Parlament die Unabhängigkeitsurkunde ratifiziert: Kroatien erlangt nach rund 800 Jahren wieder die volle Selbstständigkeit.

1992
Am 15. Januar wird Kroatien von zahlreichen Staaten völkerrechtlich anerkannt. Die Partei HDZ und Präsident Franjo Tudjman lassen sich in zwei umstrittenen Wahlen jeweils bestätigen. In Italien mehren sich erneut die Stimmen, die alte Anspruche auf Istrien erheben. In Istrien selbst wird der Ruf nach größerer Unabhängigkeit von der Zentralregierung in Zagreb laut; die Parteien »Istrisch demokratische Versammlung« und »Istrische Volkspartei« profitieren von diesen regional-nationalistischen Gedanken.

1993
Rund 800 000 Flüchtlinge aus den serbischen Gebieten halten sich in Kroatien auf. Ihre Versorgung führt zu Spannungen unter der Bevölkerung.

1996
Die Kroatische Demokratische Gemeinschaft (HDZ) unter Präsident Franjo Tudjman gewinnt mit absoluter Mehrheit (61%) die Präsidentenwahlen. Wahlbeobachter der OSZE kritisieren, Tudjman habe das Staatliche Fernsehen für Wahlkampfzwecke missbraucht. Jugoslawien und Kroatien beschließen im August auf einem Treffen bei Athen die gegenseitige diplomatische Anerkennung.

1999
Im Dezember stirbt der kroatische Präsident Tudjman. Damit geht die Geschichte Kroatiens als Teil Jugoslawiens endgültig zu Ende. Die Wirtschaft erleidet durch den Kosovo-Krieg einen weiteren Rückschlag, dies gilt auch für den Tourismus Istriens.

2000
Die Wahlen im Februar gewinnt Stipe Mesić von der Volkspartei HNS. Seine Ziele: Kroatiens Beitritt zur NATO und EU sowie eine Abkehr von der nationalistisch geprägten Politik.

Ab 2001
Der Tourismus nimmt einen deutlichen Aufschwung.

April 2004
Die Europäische Union bescheinigt Kroatien gute Aussichten auf eine Vollmitgliedschaft binnen fünf Jahren.

Nie wieder sprachlos

Zur Aussprache

c wie »tz« in Katze
č stimmloses »tsch« wie in Tschechien
ć wie das »tch« in Pfötchen
dž stimmhaft, wie »dsch« in Dschunke
h wie das »ch« in Dach
š stimmloses »sch« wie in Schotte
v wie »w« in Watt
z stimmhaftes »s« wie in Hose
ž stimmhaftes »sch« wie »j« in Journal oder »g« in Hotelpage

Wichtige Wörter und Ausdrücke

ja	*da*
nein	*ne*
bitte ...	*Molim ...*
danke	*hvala*
Vielen Dank!	*Hvala lijepa!*
und	*i*
Wie bitte?	*Molim?*
Ich verstehe nicht	*Ne razumijem*
Entschuldigen Sie!	*Oprostite!*
Guten Tag!	*Dobar dan!*
Guten Morgen!	*Dobro jutro!*
Guten Abend!	*Dobro veče!*
Gute Nacht!	*Laku noć!*
Auf Wiedersehen!	*Dovidenja!*
tschüss!	*Bok!*
heute	*danas*
gestern	*jučer*
morgen	*sutra*
Wie geht es Ihnen?	*Kako ste?*
Gut	*dobro*
Schlecht	*loše*
Es geht	*tako-tako.*
Sprechen Sie ...	*Govorite li ...*
Englisch	*engleski*
Deutsch	*njemački*
Wie heißen Sie?	*Kako se zovete?*
Ich heiße ...	*Zovem se ...*
Sehr erfreut	*Drago mi je*
Ich komme aus ...	*Ja sam i ...*
Wer?	*tko?*
Was?	*što?*
Wo?	*gdje?*
Wie?	*kako?*
Welcher?	*koj?*
Welche?	*koja?*
Wann?	*kada?*
Warum	*zašto?*

Zahlen

eins, ein, eine	*jeden*
zwei	*dva*
drei	*tri*
vier	*četiri*
fünf	*pet*
sechs	*šest*
sieben	*sedam*
acht	*osam*
neun	*devet*
zehn	*deset*
hundert	*sto*
tausend	*tisuća*

Tag	*dan*
Woche	*tjedan*
Monat	*mjesec*
Jahr	*godina*

Wochentage

Montag	*ponedjeljak*
Dienstag	*utorak*
Mittwoch	*srijeda*
Donnerstag	*četvrtak*
Freitag	*petak*
Samstag	*subota*
Sonntag	*nedjelja*

Mit und ohne Auto unterwegs

links	*lijevo*
rechts	*desno*
vorwärts	*naprijed*
rückwärts	*natrag*
Straße	*ulica*
Fahrt	*voznja*
Wo ist ...?	*Gdje je ...?*
Wo gibt es ...?	*Gdje ima ...?*
Wechselstube	*mjenjačnica*
Bank	*banka*
Fremdenverkehrsbüro	*Informacije za turiste, turističke informacije*

Wie viel kostet die Fahrkarte?	*Pošto je karta?*
Autovermietung	*ured za iznajmljivanje automobila*
Tankstelle	*benzinska pumpa*
bleifrei	*bez olova*
Super	*super*
Normal	*benzin*
Diesel	*dizel*
Bitte voll tanken	*Napunite do kraja, molim*
Ich hatte einen Unfall	*Imao sam nesreća*
Wo kann ich das Auto reparieren lassen?	*Gdje mogu popraviti auto?*

Hotel

Hotel	*hotel*
Zimmer	*soba*
Wo finde ich eine Pension/ ein Hotel?	*Gdje ovdje ima pension/ hotel?*
Wir suchen ein Zimmer mit ... Betten	*Tražimo sobu sa ... kreveta*
Haben Sie noch ein Zimmer frei?	*Imate li slobodnih soba za večeras?*
Reservierung, reserviert	*rezervacija*
ausgebucht	*zauzeto*
Wir suchen ein Zimmer für eine Nacht	*Tražimo sobu za jednu noć*
... mit Frühstück/ Mittag-/ Abendessen	*... sadoručom/ ručkom/ večerom*
Ich nehme es	*Kupujem*
Nehmen Sie Kreditkarten?	*Primate li kreditne kartice?*
Reisepass	*putovnica*
Schlüssel	*ključ*

Restaurant

essen	*jesti*
trinken	*piti*
Tisch	*stol*
Stuhl	*stolica*
Löffel	*zlica*
Gabel	*viljuska*
Glas	*časa*
Messer	*nož*
Kellner!	*Konobar!*
Speisekarte	*jelovnik*
Frühstück	*doručak, zajutrak*
Mittagessen	*ručak, objed*
Abendessen	*večera*
vegetarisch	*vegetarijanac (m), vegetarijanka (w)*
Ich nehme ... bitte!	*Ja ću ... molim!*
Prost!	*Živjeli!*
Die Rechnung, bitte; Zahlen, bitte	*Molim donesite račun*
Wo ist die Toilette?	*Gdje je toalet?*

Einkaufen

billig	*jeftino*
teuer	*skulpo*
kleiner	*manje*
größer	*veće*
Wo kann man ... kaufen?	*Gdje se može kupiti ...?*
Ich möchte ... kaufen	*Htio bih kupiti ... (m.) Htjela bih kupiti ... (w.)*
Haben Sie ...?	*Imate li ...?*
200 Gramm	*dvjesto grama*
Wie viel kostet das?	*Pošto je ovo?*
Das ist mir zu teuer	*To mi je skupo*
Was ist das?	*Što je ovo?*
nichts	*ništa*
alles	*sve*
ein bisschen	*malo*
Kaufhaus	*robna kuća*
Geschäft	*dućan*
Markt	*trznica*
offen, geöffnet	*otvoreno*
geschlossen	*zatvoreno*
Postkarte	*razglednica*
Briefmarke/n nach Deutschland/ Österreich/ in die Schweiz	*poštanske marke za Njemačku/ Austriju/ Švicarsku*

Die wichtigsten kulinarischen Begriffe

A

ajwar: pikante Würzbeilage für Fleischgerichte
arbun: Rotbrasse

B

bakalar: Stockfisch
bečik: paniert
beli luk: Knoblauch
bife: Büfett, einfache Kneipe
biftek s tartufima: Beefsteak mit Trüffelpilzen
bijelo vino: Weißwein
biska: spezieller Schnaps
boca: Flasche
borgonja: lokaler Rotwein (trocken)
brancin u foliji: Seebarsch in Folie
brancin na soli: Seebarsch in Salzkruste
burek: gefüllte Pasteten

C

čaj: Tee
čaša: Glas
ćevapčići: gegrillte Hackfleischröllchen
cipal: Meeräsche
crno vino: Rotwein

D

dagnje: Miesmuscheln
dinja: Melone
divlač: Wild
domaća kuhinja: regionale Küche
doručak: Frühstück

F

fuži: Maultaschen

G

gostiona: landestypische Gaststätte
govedina: Rindfleisch

H

hladno: kalt
hobotnica na salatu: Tintenfischsalat
hrvatica: lokaler Roséwein (trocken)

I

istarski specijaliteti: istrische Spezialitäten
istraska supa: istrische Suppe mit Rotwein, Brot

J

jaja: Eier
janjetina: Lammfleisch
janjetina ispod peke: Lammfleisch auf der Tonplatte
juha: Suppe

K

kava: Kaffee
kavana: einheimisches, einfaches Café
kiselo: sauer
kobasice: Würstchen
kolač: Kuchen
komad: Stück
komarca: Goldbrasse
konoba: Weinkeller
konobar, molim: Herr Ober, bitte
kruh: Brot
krumpir: Kartoffel
kujundžuša: kroat. Weißwein
kvalitetno vino: Qualitätswein

L

lignja: Tintenfisch
limunada: Limonade
lozovaca: Weinbrand

M

malvazija: lokaler Weißwein (trocken)
maslac: Butter
masline: Oliven
med: Honig
meso: Fleisch
meso na zaru: Fleisch vom Rost
mlijeko: Milch
morski račići: kleine Meereskrebse

N

na buzaru: gedünstet
na lešo: gekocht
naravni: natur (bei Speisen)
njoki s divljači: Gnocchi mit Wild

O
odojak: Ferkel
ombolo: luftgetrocknetes Schweinefleisch
orada s krumpirom: Goldbrasse mit Kartoffeln
ostrige: Austern

P
palačinke: Pfannkuchen
papar: Pfeffer
patka: Ente
pelinkovac: Magenbitterlikör
perad: Geflügel
piće: Getränk
pikantno: pikant
pile: Hühnchen
piti: trinken
pivo: Bier
pjenicom od artičoka: Artischockenmousse
polsuho: halbtrocken (Wein)
porečki merlot: istrischer Rotwein
porečki teran: istrischer Rotwein
pošip: kroatischer Weißwein
povetica: Kuchen, eine Strudelart
povrće: Gemüse
prirodno: naturrein (Wein)
prodavnica: Geschäft
prošek: Süßwein
pršut: Schinken
pljeskavica: gegrillte Bulette
pola kilogram: Pfund
prstači: Steinbohrermuschel
pura: Maisbrei (Art Polenta)
purica: Truthahn

R
račići: Garnelen
rakovi: Krebs
ražnjići: gemischte Fleischspieße
resance: Nudeln
riba: Fisch
riba na zaru: Fisch vom Rost
– *u kruhu:* Fisch in Brot
– *u pećnici:* Fisch aus dem Backofen
– *u soli:* Fisch in Salzkruste
ribarski brudet: Fisch-Brodetto
riblji specijaliteti: Fischspezialitäten
riza: Reis
ručak: Mittagessen

S
salata: Salat
samoposlužni restoran: Selbstbedienungsrestaurant
sir: Käse
skoljke na zaru: Muscheln vom Rost
skuša: Makrele
sladoled: Eis
slano: salzig
slastičarna: Konditorei/Bäckerei/Eisdiele
slatko: süß
šlijivovoca: Pflaumenschnaps
šljivovica: Slivovitz
šnicl: Schnitzel
sok: Saft
sol: Salz
stol: Abendessen
stolno vino: Tischwein
suho: trocken (Wein)
šunka: Schinken
svinjetina: Schweinefleisch
svjetska kuhinja: internationale Küche

T
tartufi: Trüffelpilze
telece koljenice: Kalbshaxen
teleci medaljoni: Kalbsmedaillon
teletina: Kalbfleisch
teran: lokaler Rotwein (trocken)
tijesto: Nudelteig
travarica: Kräuterlikör
trznica: Marktplatz
tuna: Tunfisch

V
vino: Wein
vočni sok: Fruchtsaft
voče: Obst
voda: Wasser
vrbnicka slahtina: lokaler Weißwein
vrhunsko: Bezeichnung für Wein der Spitzenklasse
vruče: heiß

Z
zelena salata: Kopfsalat
žlahtina: kroatischer Weißwein
zivjeli: Zum Wohl!
zubatac: Zahnbrasse

Nützliche Adressen und Reiseservice

AUF EINEN BLICK

Bevölkerung: ca. 200 000 Einwohner; knapp 72 % davon Kroaten; die zweitgrößte Gruppe bilden Italiener (6,9 %).

Fläche: 2813 qkm; die Westküste ist 242 km lang.

Verwaltung: Istrien ist eine von 21 kroatischen Gespanschaften, unterteilt in zehn Städte und 29 Gemeinden; Hauptstadt ist Pazin, wirtschaftliches Zentrum bildet dagegen Pula im Süden.

Sprache: Kroatisch; in einigen Gebieten entlang der Westküste wird Italienisch gesprochen.

Klima: mildes Mittelmeerklima; durchschnittlicher Sonnenschein: 2388 Stunden; die niedrigste Meerestemperatur erreicht im März 9,3 °C bis 11,1 °C; im August steigen die Werte auf 23,3 °C bis 24,1 °C.

Vegetation: Entlang der Küste und auf den Inseln finden sich vorwiegend grüne Macchia und Kiefernwälder.

Wirtschaft: Wichtigste Einnahmequelle ist der Tourismus, dessen Ursprünge bis ins 19. Jh. zurückreichen.

ANREISE

Mit dem Auto

Der schnellste Weg zum Ziel Istrien führt über München, Salzburg und die **Tauernautobahn** nach Villach. Der **Tauerntunnel** und der **Karawankentunnel** sind gebührenpflichtig. Von Villach aus bieten sich – je nach geografischer Lage des Ziels – zwei Alternativen an: Wer den Urlaub im Norden Istriens verbringt, kann über die italienische Autobahn (Tarvisio/Udine) nach Triest fahren und erreicht nach kurzer Fahrt durch Slowenien die istrischen Ferienorte Umag und Novigrad.

Nachdem die Autobahn Richtung Kroatien in Slowenien jedoch fast vollständig fertig gestellt wurde (lediglich beim slowenischen Bled, durch Ljubljana sowie vor Koper fehlen noch kurze Abschnitte) ist die »slowenische Variante« sicherlich die bessere Entscheidung – nicht nur für Urlauber, die Richtung Kvarner Bucht oder Dalmatien wollen. Auf dieser Route sind es von München nach Poreč 555 km. Die Mautgebühren (ohne die Pflicht-Vignette in Österreich) betragen rund 28 €.

Wichtig: Neben Führerschein und Fahrzeugschein wird eine **Grüne Versicherungskarte** empfohlen.

Informationen:
ADAC-Zentrale
Am Westpark 8, 81373 München;
Tel. 0 89/7 67 60, Fax 76 76 25 00;
www.adac.de

Mit der Bahn

Eine bequeme Anreisemöglichkeit, doch vor Ort wird es dann etwas kompliziert – es sei denn, Sie wollen in Istrien per Bus unterwegs sein. Einmal täglich gibt es eine direkte Bahnverbindung (Schlafwagen möglich) von München über Wien nach Zagreb mit Anschluss nach Rijeka (Dauer knapp 11 Stunden). Vorherige Platz- bzw. Liegewagen-Reservierung ist dringend anzuraten!

Infos: www.bahn.de

Mit dem Bus

Von fast allen deutschen Großstädten bestehen Busverbindungen nach Kroatien. Das umfangreichste Netz bietet die Gesellschaft **Touring**, die von verschiedenen deutschen Städten u. a. Verbindungen nach Zagreb, Rijeka, Split und Dubrovnik im regelmäßigen Liniendienst unterhält. Außerdem gibt es zahlreiche kleinere Charteranbieter, die kroatische Arbeitnehmer in die Heimat bringen.

Deutsche Touring Gesellschaft
Am Römerhof 17, 60486 Frankfurt a. M.;
Tel. 0 69/79 03 50, Fax 7 90 32 19;
www.deutsche-touring.com

Mit dem Flugzeug
Croatia Airlines ist die nationale Fluggesellschaft, die mehrere deutsche Städte mit Zagreb und teilweise mit Dubrovnik verbindet. Wer nach Rijeka will, muss leider noch etwas umständlich über Zagreb fliegen. Besser sieht die Lage während der Sommermonate aus, dann bieten einige deutsche Charterfluggesellschaften (u. a. Condor) oder der Reisekonzern TUI Verbindungen u. a. nach Pula und Dubrovnik an. Diese Flüge sind auch wesentlich günstiger als Linien-Carrier (→ MERIAN-Tipp, S. 73).

Croatia Airlines
Savska Cesta 41, HR-10000 Zagreb;
Tel. 1/6 16 00 66, Fax 61 76 45;
www.croatiaairlines.hr

In Deutschland
Klingerstr. 25, 60313 Frankfurt a. M.;
Tel. 0 69/9 20 05 20, Fax 92 00 52 52

Mit dem Schiff
Die Anreise mit der Fähre von italienischen Häfen lohnt sich für deutsche Urlauber auf Grund der nördlichen Lage Istriens kaum. Die wichtigsten Fährverbindungen werden von der Gesellschaft **Jadrolinija** ab Bari und Ancona angeboten und lohnen für Gäste mit den südlichen Zielen Zadar, Split oder Dubrovnik in Dalmatien.

Jadrolinija
Riva 16, HR-51000 Rijeka;
- Zentrale: Tel. 51/6 66 11 11, Fax 21 31 16
- Buchungen: Tel. 51/21 14 44, Fax 21 14 85

Dertraffic Schiffservice
Generalagent in Deutschland.
Emil-von-Behring-Str. 6, 60424 Frankfurt a. M.; Tel. 0 69/95 88 58 00,
Fax 95 88 58 22

Infos zu Bahn-, Bus-, Flug- und Schiffsfahrplänen:
www.fahrplan-online.de

Auskunft

Mittlerweile gibt es für Istrien eine ganze Reihe hervorragender Info-Materialien. Dabei zeichnet sich das Büro der Istrien Info durch schnelle Bearbeitung der Anfragen sowie durch einen freundlichen Service aus. Wer zu den Inseln in der Kvarner Bucht oder an der Festlandsküste Richtung Rijeka bzw. Crikvenica unterwegs ist, sollte den Tourismusverband der Region Kvarner in Opatija (Nikole Tesle 2; 51410 Opatija; Tel. 51/27 29 88; www.kvarner.hr) oder die Kroatische Zentrale für Tourismus kontaktieren.

Tourismusverband der Region Istrien
Bayerstr. 24, 80335 München;
Tel. 0 89/54 37 04 80, Fax 54 37 04 81;
E-Mail: istrien-info@t-online.de,
www.istra.com

Tourismusverband der Region Istrien
P.O.B. 151, HR-52440 Poreč;
Tel. 52/45 27 97, Fax 45 27 96;
E-Mail: tzzi-po@pu.tel.hr

Kroatische Zentrale für Tourismus In Kroatien
Iblero trg 10/IV, HR-10000 Zagreb;
Tel. 1/4 69 93 33, Fax 4 55 78 27;
www.croatia.hr

In Deutschland
- Kaiserstr. 23, 60329 Frankfurt a. M.; Tel. 0 69/2 38 53 50, Fax 23 85 35 20
- Rumfordstr. 5, 80469 München; Tel. 0 89/22 33 44, Fax 22 33 44

In Österreich
Am Hof 13, A-1010 Wien;
Tel. 1/5 85 38 84, Fax 5 85 38 84 20

Bevölkerung

In Kroatien leben rund 4,5 Mio. Einwohner. Damit verzeichnet man eine Bevölkerungsdichte von 84 Einwohnern/qkm. Die größte Gruppe bilden mit 78 % die **Kroaten**, mit weitem Abstand folgen die **Serben** mit 12 %.

Das neue Nationalbewusstsein wird stolz zur Schau getragen: Hochzeit an der Seebadallee von Crikvenica.

Etwa 2% bezeichnen sich als »Jugoslawen«, eine eigentlich nicht mehr bestehende Nationalität. Zu den Minderheiten gehören Slowenen, Muslime, Ungarn, Tschechen, Italiener und Montenegriner mit jeweils weniger als 1% der Gesamtbevölkerung. Die Hauptstadt Kroatiens ist Zagreb. Politisches Zentrum Istriens und Sitz des Komitats (Parlament) ist Pazin im Landesinneren. Als wirtschaftliches Zentrum gilt jedoch die Küstenstadt Pula.

Orte mit größeren ethnischen Minderheiten werden offiziell zweisprachig geführt. Dazu gehören im Norden vor allem Gemeinden mit einem hohen italienischen Bevölkerungsanteil wie Brtonigla (46,4%), Grožnjan (37,6%), Buje (30,5%) oder Umag (18,2%). Dagegen verzeichnet das kleine Raša 13,2% muslimische Einwohner. Zahlreiche nordistrische Orte tragen deshalb auf Landkarten und Verkehrsschildern auch zwei Namen: Umag (Umago), Novigrad (Cittanova), Rovinj (Rovigno) oder Grožnjan (Grisignano).

Buchtipps

Obwohl Istrien nicht in die kriegerischen Auseinandersetzungen auf dem Gebiet des ehemaligen Jugoslawien mit einbezogen wurde: Informationen zum historischen Hintergrund des Konfliktes sollten auch für Istrien-Urlauber zur Reisevorbereitung gehören. Unter dem Titel **Im Fadenkreuz der Mächte** beschreibt **Peter Scholl-Latour** Geschichte und Gegenwart des gesamten Pulverfasses Balkan (C. Bertelsmann Verlag). Eine gute Lektüre über die politischen Zusammenhänge und noch immer ein empfehlenswerter Blick in die wechselhafte Geschichte der gesamten Region.

Camping

Schon zu jugoslawischen Zeiten war Istrien ein beliebtes Campingziel. Derzeit gibt es über 50 Plätze, die insgesamt mehr als 150 000 Gäste aufnehmen können. Klassische Camper-Destinationen sind Poreč mit 5 Anlagen, Vrsar (4) und Rovinj (6). Fast überall können PKW-Reisende auch Bungalows oder Camper mieten. Vor allem in der Hochsaison zwischen Mitte Juni und Ende August ist jedoch eine Vorausbuchung dringend notwendig.

Diplomatische Vertretungen

In Kroatien

Deutsche Botschaft
Ulica grada Vukovara 64, 10001 Zagreb;
Tel. 1/6 15 81 00, Fax 6 15 81 03

Österreichische Botschaft
Jabukovac 39, 10000 Zagrep;
Tel. 1/4 83 44 57, Fax 4 83 44 61

Schweizer Botschaft
Bogovičeva 3, 10000 Zagrep;
Tel. 1/4 81 08 91, Fax 4 81 08 90

In Deutschland

Botschaft der Republik Kroatien
Ahornstr. 4, 10787 Berlin;
Tel. 0 30/21 91 55 14, Fax 23 62 89 65;
info@kroatische.botschaft.de

Feiertage

Offizielle Feiertage sind in Kroatien der **1.** und **6. Jan.**; **Ostermontag**; der Tag der Arbeit (**1. Mai**) sowie der **30. Mai**, der Staatsfeiertag; der **22. Juni**, der **5.** und **15. Aug.** sowie Allerheiligen am **1. Nov.** und Weihnachten mit dem **25./26. Dez.**. Zudem der Ramadan-Bajram (für Moslems) mit wechselndem Datum. An diesen Tagen sind Banken und Geschäfte in der Regel geschlossen, in den Tourismuszentren kann es Ausnahmen geben.

Fernsehen

Die staatliche Rundfunk- und Fernsehanstalt ist **Hrvatska Televizija** in Zagreb. Lokale Sender in Istrien gibt es in Pula und Rijeka. Gesendet wird in kroatischer Sprache. Viele Hotels verfügen jedoch über Satellitenantennen, so dass auch deutschsprachige Programme zu empfangen sind.

FKK

Es gibt unterschiedliche Legenden, aber am liebsten hört man in Istrien die Version, dass hier das FKK-Baden erfunden wurde. Es sollen ursprünglich arme Studenten gewesen sein, die sich keine Badekleidung leisten konnten und deshalb nackt badeten. Offiziell bestätigt wird dagegen der erste prominente hüllenlose Badegast: Der englische König Edward VIII. hatte im August 1934 auf der Insel Rab angeblich das Bedürfnis zum Nacktbaden – die Genehmigung beantragte er auch für seine Frau.

Die Idee hat sich durchgesetzt: Istrien gilt Nudisten als eine der herausragenden Destinationen. Es gibt acht reine FKK-Campingplätze und zahlreiche FKK-Strände, die sich großer Beliebtheit erfreuen. Trotz dieser hüllenlosen Offenheit sollte man an Textilstränden auf FKK verzichten.

Fotografieren

Keine Probleme – solange Sie keine militärischen Anlagen fotografieren. Auch Soldaten sollten Sie nicht ungefragt ablichten. Die international gängigen Filme können Sie überall kaufen. Die Preise liegen allerdings meist etwas höher als in Deutschland. Inzwischen gibt es vielerorts auch den 24-Stunden-Entwicklungsservice.

Wechselkurse

Kuna	Euro	Franken
1	0,14	0,21
5	0,68	1,05
10	1,36	2,10
20	2,72	4,20
30	4,08	6,30
50	6,80	10,50
100	13,60	21,00
250	34,00	52,50
500	68,00	105,00
750	102,00	157,50
1000	136,00	210,00
1500	203,80	315,00
10 000	1360,00	2100,00

Stand: Dezember 2004

Nebenkosten
(umgerechnet in Euro)

- 1 Tasse Kaffee .... ab 0,90
- 1 Bier .... ab 1,20
- 1 Cola .... ab 1,00
- 1 Brot (ca. 500g) .... ab 0,50
- 1 Schachtel Zigaretten ab 1,80
- 1 Liter Benzin .... ab 0,73
- Mietwagen/Tag ..... etwa 35,00

Geld

Die mit der Staatsgründung 1991 eingeführte kroatische **Kuna** ist in 100 Lipa unterteilt. Es sind Münzen zu 1, 2, 5, 10, 20 und 50 Lipa sowie 1, 2 und 5 Kuna im Umlauf. Außerdem gibt es Banknoten zu 5, 10, 20, 50, 100, 200, 500 und 1000 Kuna. Man kann bis zu 2000 Kuna (in Scheinen zu höchstens 500 Kuna) einführen. Fremdwährungen können unbeschränkt ein- und ausgeführt werden. »Kuna« bedeutet »Marder« – und für genauso bissig halten Experten die Währung: Sie ist ihrer Meinung nach überbewertet. Der offenkundige Nachteil für Besucher: Das einst billige Reiseland Kroatien ist allenfalls noch als preisgünstig zu bezeichnen.

Kreditkarten (American Express, Diners, Eurocard und Mastercard) werden in größeren Hotels und Restaurants meist anstandslos akzeptiert. Bewegt man sich auf touristischem Neuland, insbesondere im Landesinneren, sollte man genügend Bargeld bei sich haben. Beim Verlassen des Landes werden Kuna nur gegen Vorlage der Umtauschbescheinigung zurückgenommen.

Internet

10 nützliche und wichtige Adressen

Aktuelle Informationen, Fahrpläne, Details über Sehenswürdigkeiten und Hotels sowie Testergebnisse zu Restaurants etc.

www.istra.com

Die offizielle Seite des Tourismusverbandes der Region Istrien bietet viele Infos und Links – und aktuelle Wetterprognosen.

www.jadro.de

Neben aktuellen Nachrichten und Infos auch eine Übersicht über alle Fährverbindungen und Vorschläge zu diversen Reiserouten.

www.vecernji-list.hr

Aktuelle Qualitätstests und Empfehlungen zu den wichtigsten Orten, Marinas, Campingplätzen und Restaurants – durchgeführt von einer der größten kroatischen Tageszeitungen.

www.kroatien-links.de

Übersicht über eine Vielzahl von Internetseiten – mehr als 3600 Links zum Reiseland Kroatien inklusive Istrien.

Krk ist nun keine »echte« Insel mehr: Seit einigen Jahren verbindet die elegant geschwungene Brücke Krčki most das dalmatische Festland mit dem Ferienparadies Krk.

www.adriatica.net
Zahlreiche Angebote zu Boot-Charter, Ferienhäusern und Wohnen in Leuchttürmen.

www.ferienwohnung.de
Angebote zu preisgünstigen Übernachtungsmöglichkeiten; Die Adressen eignen sich insbesondere für Familien mit Kindern.

www.hotel-direkt.at
Umfangreiche Übersicht zu Hotels und Apartments für Individualreisende.

www.yacht.de
www.esys.org
Wichtige Sites für Segler; zahlreiche Revierinformationen und Details zu den Windverhältnissen sowie den einzelnen Inseln in der Kvarner Bucht.

www.billiger-telefonieren.de
Übersicht für Gespräche nach oder aus Kroatien; alle Tarife zu allen Tageszeiten von allen Anbietern.

Kleidung

Im Sommer ist leichte Kleidung wegen teilweise tropischer Temperaturen angebracht. Allerdings können Küstenwinde auch im Sommer tagelang für Abkühlung und Regenschauer sorgen: Deshalb sollte man auch einen Pullover oder eine Windjacke mit ins Gepäck legen.

In den Herbst- und Wintermonaten sollten Sie auf jeden Fall warme Kleidung mitnehmen. Kleidungsvorschriften gibt es in den Touristenhotels kaum. Sportlich-legeres Outfit ist angesagt.

Medizinische Versorgung

Zwischen Deutschland und Kroatien besteht ein Gesundheitsabkommen. Sie benötigen deshalb nur einen Auslandskrankenschein. Eine zusätzliche Auslandskrankenversicherung ist ratsam. Die gängigen Medikamente sind in der Regel überall zu günstigen Preisen zu haben.

Notruf

Die wichtigsten Telefonnummern:
Polizei Tel. 92
Feuerwehr Tel. 93
Unfallrettung Tel. 94
SOS Tel. 21 18 88
Amt für Suche und Rettung auf dem Meer Tel. 91 55
Der Straßendienst des kroatischen Autoklubs (HAK) ist rund um die Uhr unter der Telefonnummer 987 zu erreichen. Der deutschsprachige ADAC-Notruf hat die Nummer 1/6 52 66 68 und 6 52 66 25. Das Büro in Zagreb ist das ganze Jahr geöffnet.
Hrvatski Autoklub (HAK)
Draskoviceva 25, 10000 Zagreb;
Tel. 1/4 55 44 33, Fax 44 86 30

Politik

Die Republik Kroatien erklärte im Mai 1990 ihre Souveränität. Der Begriff »sozialistisch« wurde aus dem Staatsnamen gestrichen. In Zukunft soll eine marktwirtschaftlich orientierte Demokratie mit Mehrparteiensystem gelten. Der Präsident soll direkt vom Volk gewählt werden. Serben und anderen Minderheiten wollte man eine verfassungsmäßige Gleichberechtigung aberkennen. Die Europäische Union intervenierte allerdings erfolgreich gegen diesen Passus.

Bei den Wahlen von 1990 erreichte die national-konservative Partei »Kroatische Demokratische Union« (HDZ) die absolute Mehrheit der Stimmen. Ihr Vorsitzender und damit Präsident der Republik wurde Dr. Franjo Tudjman. 1992 wurde der kroatische Staat international anerkannt, und nach langwierigen Verhandlungen im amerikanischen Dayton wurde 1995 ein Friedensvertrag zwischen den kämpfenden Parteien ausgehandelt. Mit dem Tod des nationalistisch geprägten Tudjman 1999 stieg die Hoffnung vieler Kroaten auf eine Demokratisierung des Landes. Gleichzeitig verstärkte sich in Istrien der Wunsch nach politischer Selbstverwaltung.

Viele Familien haben Angehörige in den kriegerischen Auseinandersetzungen verloren. Mit diesem Hintergrund gehen – verständlicherweise – bei Diskussionen zum Thema Krieg die Emotionen noch immer schnell hoch. Deshalb ist es ratsam, das Thema von sich aus möglichst nicht anzuschneiden und sich bei entstehenden Diskussionen zurückzuhalten.

Post

Eine Postkarte nach Deutschland, Österreich oder in die Schweiz kostet 2,40 Kn, ein Brief 6,50 Kn. Die Sendung ist etwa eine Woche unterwegs. Briefmarken bekommt man nicht nur bei der Post, sondern auch an zahlreichen Souvenirständen oder in Hotels.

Reisedokumente

Für die Einreise – bei einem Aufenthalt bis zu drei Monaten – genügt ein Reisepass oder ein Personalausweis. Neben Führerschein und Fahrzeugschein ist für Autofahrer die Internationale **Grüne Versicherungskarte** empfehlenswert. Sie wird manchmal bereits bei der Einreise nach Slowenien verlangt und kann im Notfall auch direkt an der Grenze gekauft werden.

Reiseknigge

Oben ohne: Zwar wurde in Kroatien der FKK-Urlaub erfunden, doch sollte sich das »nackte Treiben« auf die Strände und die ausgewiesenen Anlagen beschränken.

Fotografieren: Eigentlich kein Problem – doch bei militärischen Anlagen sollte man noch immer auf ein Foto zu verzichten.

Nationalstolz: Verzichten Sie auf politische Diskussionen, vor allem wenn es um die jugoslawisch geprägte Vergangenheit geht.

Sport: Sehr wichtig, vor allem wenn Kroatien auf der internationalen Ebene auftritt.

Essen & Trinken: In vielen Restaurants ist ein Gedeck-Preis (pro Person) obligatorisch. Schauen Sie also genau auf die Speisekarte.

Trinkgeld: Gern gesehen – und wenn der Service stimmt, auch immer angebracht.

Reisewetter

Der Sommer ist gekennzeichnet von teilweise tropischen Temperaturen, die nicht selten weit über 30 Grad liegen. Mit durchschnittlich 2600 Sonnenstunden im Jahr und angenehmen Wassertemperaturen gilt die istrische Adriaküste als eine der sonnigsten Regionen in Europa. Allerdings können kühle Küstenwinde auch im Sommer tagelang für Erfrischung und Regenschauer sorgen. Ungemütlich kann es dann vor allem in Privatpensionen werden, da sie oftmals nicht mit einer Heizung ausgestattet sind.

Im Herbst und Winter sind niedrige Temperaturen, kalte Winde und Regen (auch Schneefall ist möglich) an der Tagesordnung. Mit etwas Glück kann der Frühling zu einer herrlichen Reisezeit werden: Wenn in Mitteleuropa noch Aprilschauer für Gänsehaut sorgen, blühen an der istrischen Küste schon die Bäume.

Religion

Rund 85 % der Kroaten bekennen sich zum katholischen Glauben: Beim Papstbesuch im Herbst 1994 versammelten sich in Zagreb über 800 000 Gläubige. Insgesamt gibt es Anhänger von 24 weiteren Konfessionen. In den Touristenorten werden im Sommer auch evangelische Gottesdienste abgehalten.

Rundfunk

Vielfalt im Äther: Mittlerweile werden immer mehr Privatsender gegründet. Hinzu kommen Stationen aus dem nahen Italien. Auch die Deutsche Welle ist gut zu empfangen.

Sprache

Amtssprache ist Kroatisch mit lateinischer Schrift. Bis zum Dezember 1990 gab noch Serbokroatisch den Ton im Lande an. In den Touristikzentren wird Deutsch in der Regel gut verstanden, nicht zuletzt wegen der zahlreichen Arbeitnehmer, die jahrelang in Deutschland oder Österreich gelebt haben. Mit englischen Sprachkenntnissen kommt man allerdings nicht sehr weit.

In fast allen größeren Touristenorten entlang der Küste wird neben der Speisekarte in einheimischer Sprache auch eine Übersetzung in Deutsch und Englisch ausgelegt.

Stromspannung

Die Stromspannung beträgt 220 Volt. Zweipolige deutsche Stecker passen in alle Steckdosen.

Telefon

Vorwahlnummer von Kroatien nach
D → 00 49
CH → 00 41
A → 00 43
Anschließend wählt man die jeweilige Ortskennzahl ohne Null am Anfang. Die Internationale Vorwahlnummer für Kroatien ist 0 03 85.

Auslandsgespräche können von allen Hotels, Postämtern und öffentlichen Telefonzellen geführt werden. Neben Münzen können auch so genannte »Žetons« oder Telefonkarten verwendet werden. Der Empfang der Mobilfunknetze D1 und D2 ist landesweit möglich.

Faxe lassen sich auch von den meisten Postämtern versenden. Vorsicht: Viele Hotels berechnen für den Fax-Empfang ebenfalls eine Gebühr.

Tiere

Die Tollwut-Impfbescheinigung muss im internationalen Impfpass eingetragen sein (mindestens 15 Tage und höchstens sechs Monate alt).

Verkehrsverbindungen

Es gibt keine besonderen Schwierigkeiten, auf die sich Autofahrer in Istrien einstellen müssen, auch keine Versorgungsschwierigkeiten bei **Benzin**; bleifreier Treibstoff ist an vielen Tankstellen zu bekommen. Ein Liter Normal 91 (bleifrei) kostet 0,73 € (Super 0,88 €, Diesel 0,71 €). Es ist nicht gestattet, Benzin in Kanistern ein-

Entfernungen (in km) zwischen wichtigen Orten in Istrien

* außer von Krk, Crikvenica und Rijeka mit Fähre von Brestova

	Buzet	Cres*	Crikvenica	Krk	Opatija	Poreč	Pula	Rijeka	Rovinj	Veli Lošinj*
Buzet	–	96	92	111	46	48	91	55	75	153
Cres*	96	–	54	33	53	96	91	70	102	57
Crikvenica	92	54	–	49	54	126	142	37	132	111
Krk	111	33	49	–	73	145	161	56	151	90
Opatija	46	53	54	73	–	80	88	17	86	110
Poreč	48	96	126	145	80	–	53	89	38	153
Pula	91	91	142	161	88	53	–	105	39	148
Rijeka	55	70	37	56	17	89	105	–	95	127
Rovinj	75	102	132	151	86	38	39	95	–	159
Veli Lošinj*	159	57	111	90	110	153	148	127	159	–

oder auszuführen. »Bleifrei« heißt »bezolovni«. Die **Höchstgeschwindigkeiten** für PKW betragen in geschlossenen Ortschaften 50 km/h, außerorts 80 km/h, auf Schnellstraßen 100 km/h, auf Autobahnen 130 km/h.

Sollten Sie in einen Unfall verwickelt worden sein, müssen Sie auf jeden Fall die Polizei rufen. Lassen Sie sich eine polizeiliche Unfallbestätigung (»potvrda«) ausstellen. Die Promillegrenze beträgt nach einem neuen Gesetz 0,0 – es ist also äußerste Vorsicht geboten. Geradezu schon ein »Volkssport« wird in den Sommermonaten das Einrichten privater **Parkplätze**: Nicht nur in und um (fast) allen Tourismusorten wird der Besucher zur Kasse gebeten; Kleingeld sollte man deshalb stets bei sich haben.

Die E 65 nach Süden Richtung Dubrovnik ist vor allem bei Regen vorsichtig zu befahren. Vorsicht sollten Sie auch auf den engen, schlecht asphaltierten Straßen auf den Inseln der Kvarner Bucht walten lassen. Immer noch nicht fertig gestellt ist die Schnellstraße E 751 zwischen der Grenze bei Portorož/Slowenien und Pula.

Hilfe im Notfall bietet der **Straßendienst** des kroatischen Autoclubs (HAK), der rund um die Uhr unter Tel. 987 zu erreichen und für ADAC-Mitglieder kostenlos ist. Der deutschsprachige ADAC-Notruf hat die beiden Telefonnummern 1/6 52 66 68 und 6 52 66 25. Das Büro in Zagreb ist das ganze Jahr über geöffnet.

Hrvatski Autoklub
(Kroatischer Autoclub HAK)
Draskoviceva 25, HR-10000 Zagreb; Tel. 1/4 55 44 33, Fax 44 86 30

Pannenhilfe-Büro in Pula
→ S. 120, B 9
Štigliceva 34; Tel. 52/54 09 87

Busse
Die meisten istrischen Küstenorte sind durch ein gutes Busnetz oftmals stündlich miteinander verbunden. Abgelegene Orte – häufig im Landesinneren – werden jedoch nur einmal täglich bedient. Ähnlich ist die Situation auf den kleineren Inseln in der Kvarner Bucht. Aus den nördlich gelegenen Orten Istriens gibt es täglich Liniendienste in die italienische Hafenstadt Triest.

Wirtschaft
Wichtigster Erwerbszweig in Istrien ist neben dem Schiffbau ohne Zweifel der Fremdenverkehr, dessen Ursprünge in das Jahr 1844 zurückgehen: Damals wurde in Opatija das erste Hotel eröffnet. Bedingt durch den Krieg auf dem Gebiet des ehemaligen Jugoslawien ging die Zahl der ausländischen Urlauber 1990 und 1991 erheblich zurück. Den ersten Aufschwung verzeichnete man 1993: Mit rund 1,5 Mio. Touristen erreichte man allerdings nur rund 30 % der Besucherzahlen von 1990. 1997 lag die Zahl der ausländischen Touristen schon bei über 3 Mio. Die positive Tendenz hat sich bis zum Jahr 2002 deutlich fortgesetzt mit über 1,4 Mio. deutschen Gästen.

Zeitungen
Landesweit erscheinen über 300 Zeitungen und Zeitschriften. Deutschsprachige Zeitungen werden in Istrien selbst nicht herausgegeben. Deutsche Presseerzeugnisse können jedoch in allen größeren Touristenorten tagesaktuell gekauft werden (FAZ, SZ, Welt, Bild, Focus, Spiegel).

Zoll
Ausländische Besucher können 200 Zigaretten oder 50 Zigarren oder 250 g Tabak; 0,05 l Parfüm; 0,25 l Eau de Toilette; 1 l Wein und 1 l Spirituosen zollfrei einführen. Sportausrüstung, Fotoapparate, Videokameras und andere elektronische Geräte müssen mündlich deklariert werden. Für ein CB-Funkgerät ist eine Genehmigung der Kroatischen Botschaft in Berlin notwendig.

Kartenatlas

Orientierung leicht gemacht: mit Planquadraten und allen Orten und Sehenswürdigkeiten.

Legende

Routen und Touren

- Von Poreč durchs Landesinnere (S. 92)
- Inselhüpfen im Kvarner Golf (S. 95)

Sehenswürdigkeiten

- MERIAN-TopTen
- MERIAN-Tipp
- Sehenswürdigkeit, öffentl. Gebäude
- Sehenswürdigkeit Kultur
- Sehenswürdigkeit Natur
- Kirche; Kloster
- Schloss, Burg; Ruine
- Kirchenruine; Klosterruine
- Museum
- Denkmal

Sehenswürdigkeiten ff.

- Höhle
- Leuchtturm
- Archäologische Stätte

Verkehr

- Autobahn
- Autobahnähnliche Straße
- Fernverkehrsstraße
- Hauptstraße
- Nebenstraße
- Unbefestigte Straße, Weg
- Parkmöglichkeit
- Busbahnhof
- Flughafen; Flugplatz
- Schiffsanleger

Sonstiges

- Information
- Theater
- Markt
- Aussichtspunkt
- National-, Naturpark

A
B
C
1
2
3
4
Tržaški zaliv
Debeli Rtič
Múggia
Ankaran
Koprski Zaliv
Socerb
Kozina
Osp
Jama Grad
Prešnica
Slavnik 1028
SLO
Durrës
Piranski Zaliv
Piran
Izola
KOPER
Portorož
Lucija
Rt. Savudrija
Savudrija
Sv. Ivan
Vanganel
Loka
Podgorski Kras
Gračišče
Padna
Supotski slap
Labor
Dragonja
Golič 890
Sočerga
Valica
Aerodrom Portorož
Umag
Momjan
Reparac
Buzet
Potok
Buje
Seget
Juricani
V. Repavac 492
Istarske Toplice
Donat
Mirna
Brtonigla
Grožnjan
Livade
Nova Vas
Špic Fiorini
Mirna Quieto
Senj
Sv. Juraj
Novi Kanal
Dragući
Novigrad
Vižinada
Motovun
Luka Mirna
Rakotule
Jezero Butoniga
Lanterna
Tar
Karojba
Stari Tar
Višnjan
Grdoselo
Luka Červar
Škropeti
Sv. Marija na Škriljinah
Sv. Anna
Pečin
Riviera
Veli Maj
Nova Vas
Muntrilj
Beram
Fojba
Pazin
Koper
Spadići
Istra
Sv. Nikola
Poreč
Tinjan
Veli Breg 450
Baderna
Plava Laguna
Žbandaj
Sv. Petar u Šumi
Sv. Magdalena
Funtana
Sv. Lovreč/Paz.
Hrvatini
Funtana
Gradina
Barat
Rom. Kastell
Sv. Mihovil
Sveta Agata
Balići
Vršar
Žminj
Limski kanal
Sv. Feliks
Sv. Martin
Dvigrad
Kanfanar
Soline
Sošići
Gradina 374
Sv. Katarina
Rovinjsko Selo
Krmed
Svetvinčenat
Katedrala
Rovinj
Leme 126
Golaš
Barban
Bokordići
Crveni Otok
Sv. Nikola
Autocamp Veštar
Kaštel
Luka Veštar
Kosići
Bale
Sv. Damjan
Juršići
Glavani
Sv. Jakob
Gajana
Sv. Kvirin
Barbariga
Negre
Toranj
Sv. Cecilija
Divšići
Adriatisches Meer
Fažanski
Sv. Blaž
Vodnjan
Peroj
Marčana
Mali Brijun
Galižana
Nacionalni Park Brijuni
Bizantski kastrum
Brijun
Fažana
Loborika
Nesactium
Brijuni
120
Veliki Brijun
Trieste
Arena
PULA
Ušići

D
E
F
1
2
3
4
Tatre
Šembije
Ilirska Bistrica
Brce
V. Snežnik
1796
Okroglina
Kozlek
997
Harije
Reka
Gomance
Bukova gora
1431
Crni Lazi
Tršće
Gerovo
Podgrad
Jelšane
Poljane
Lividraga
Trstenik
Sušak
Rupa
Gorski Kotar
Rimski zid
Nacionalni Park Risnjak
Male Mune
Škalnica
Klana
Fratar
1350
1528
Avtomotodrom Rijeka
Šija
1241
Zvoneće
Puži
Garići
Podhum
Tisovac
1172
Gor. Jelenje
Brgudac
Kastav
Dražice
Čavle
Suhi vhr
548
Lupoglav
Veprinac
Volosko
Opatija
Brest
Vranja
Učka-Tunnel
Ičići
Ika
RIJEKA
Bakar
Zlobin
Meja-Gaj
Paz
Vela Učka
1401
Lovran
Riječki zaljev
Bakarski zaljev
Kraljevica
Sv. Marko
Most Krk
Medveja
Voz
Šušnjevica
Mošćenička Draga
Mošćenice
Tenka punta
Jadranovo
Vinodolski kanal
Sv. Bartolomej
Purgarija-Čepić
Kožljak
Aerodrom Rijeka-Krk
Omišalj
Rudine
Brseč
Njivice
Šumber
Kršan
Sisol
833
Sužan
Klimno
Vozilići
Brestova
Sidrište Malinska
Rt. Pelova
Haludovo
Dobrinj
Ržišće
Plomin
Porozina
Malinska
Porat
252
Strmac
Rt. Mašnjak
Beli
Vela vrata
Sv. Krševan
Šepići
Kozarin
Labin
Sis
650
Petar
Glavotok
Bajčić
Rabac
Srednja vrata
Knežev dvor
Raša
Luka Rabac
Skrbčići
Kornić
Košljun
Veli bok
Valbiska
Predošćica
Krk
Punat
Štalije
Krčki zaljev
Oštri
531
Trget
Cerovica
Vodice
Plavnik
Merag
Brovinje
Koromačno
Creski zaljev
Sv. Vid
Cres
Gerbulev
353
Turanj
Rt. Crna Punta
Rt. Pernat
Lovrešćina
Kormati
Raški zaljev
Loznati
Pernat
Valun
Rt. Arne
Sv. Miće
Lubenice
Orlec
0
9 km
121
Helm
483
Sv. Ivan
© MERIAN-Kartographie
Sv. Nikola
Sv. Šimun
118

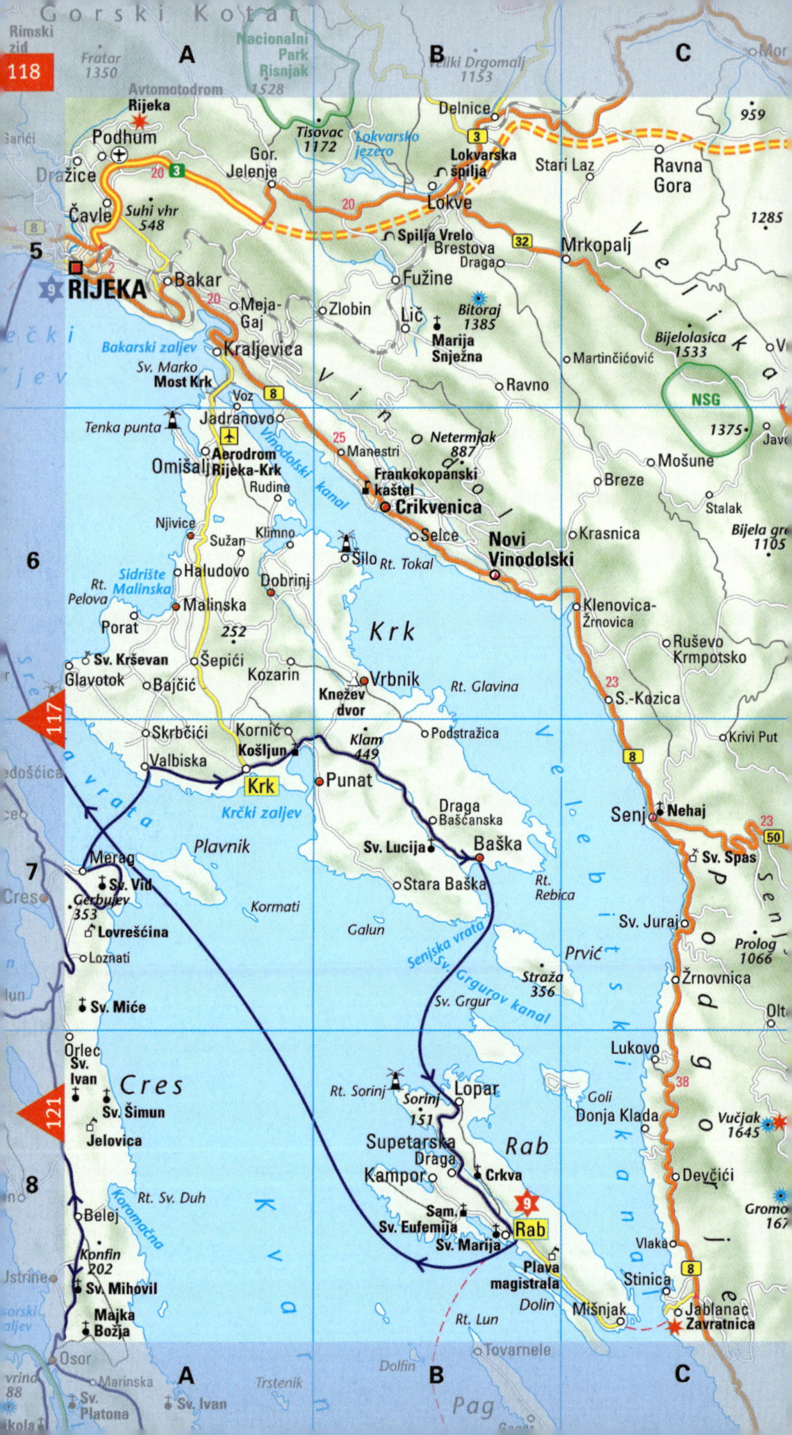
Gorski Kotar
Rimski zid
Fratar 1350
Nacionalni Park Risnjak
Risnjak 1528
Veliki Drgomalj 1153
A
B
C
Avtomotodrom Rijeka
Podhum
Dražice
Čavle
Suhi vhr 548
Gor. Jelenje
Tisovac 1172
Lokvarsko jezero
Delnice
Lokvarska špilja
Lokve
Stari Laz
Ravna Gora
959
1285
Spilja Vrelo
Brestova
Draga
Mrkopalj
Velika Kapela
5
RIJEKA
Bakar
Meja-Gaj
Zlobin
Fužine
Lič
Bitoraj 1385
Marija Snježna
Bijelolasica 1533
Martinčićović
Bakarski zaljev
Kraljevica
Sv. Marko
Most Krk
Voz
Ravno
NSG
1375
Vinodol
Tenka punta
Jadranovo
Aerodrom Rijeka-Krk
Omišalj
Manestri
Netermjak 887
Vinodolski kanal
Frankokopanski kaštel
Crikvenica
Breze
Mošune
Stalak
Rudine
Njivice
Klimno
Sužan
Šilo
Rt. Tokal
Selce
Novi Vinodolski
Krasnica
Bijela gr 1105
6
Sidrište Malinska
Haludovo
Dobrinj
Rt. Pelova
Malinska
Porat
252
Krk
Klenovica-Žrnovica
Ruševo Krmpotsko
Sv. Krševan
Glavotok
Šepići
Bajčić
Kozarin
Vrbnik
Kneževdvor
Rt. Glavina
S.-Kozica
117
Skrbčići
Kornić
Košljun
Klam 449
Podstražica
Velebitski kanal
Krivi Put
Valbiska
Krk
Punat
Krčki zaljev
Draga Baščanska
Senj
Nehaj
Plavnik
Merag
Sv. Vid
Sv. Lucija
Baška
Sv. Spas
7
Stara Baška
Rt. Rebica
Gerbujev 353
Lovreščina
Kormati
Galun
Senjska vrata
Sv. Juraj
Prolog 1066
Loznati
Prvić
Straža 356
Žrnovnica
Sv. Grgur
Sv. Grgurov kanal
Sv. Miće
Orlec
Sv. Ivan
Cres
Lukovo
Rt. Sorinj
Sorinj 151
Lopar
Goli
Donja Klada
Vučjak 1645
Sv. Šimun
Jelovica
121
Supetarska Draga
Rab
Kampor
Crkva
Devčići
8
Rt. Sv. Duh
Kvarner
Koromačna
Belej
Sam.
Sv. Eufemija
Sv. Marija
Rab
Vlaka
Konfin 202
Sv. Mihovil
Plava magistrala
Stinica
Dolin
Mišnjak
Jablanac
Zavratnica
Majka Božja
Rt. Lun
Osor
Tovarnele
Dolfin
Marinska
Trstenik
Sv. Platona
Sv. Ivan
Pag
A
B
C

D
E
F
5
6
7
8
Lipje
Vrbovsko
Komarica
750
Grabrk
Dobra
Generalski Stol
Korana
Donji Skrad
Skrad
Crkvina
Gomirje
Trošmarija
Okruglica
Mrežnica
Perjasica
Zagorje
293
Vitunj
Višnjić Brdo
Potok Tounjski
Gradina
474
Ključ
Veljun
Klek
Ogulin
Gablaka
458
Žnidovac
Oštarije
Skočići
Hrvatski Blagaj
Tržić Tounjski
Josipdol
Carevo Polje
Primišlje
Cvijanović-Brdo
Munjava
Nikšić
Meravić
886
Modrus
Hum
863
Tobolić
Drežnica
Javornica
Slunj
Kunić
Lokve
Plaški
480
Popovića vrh
Škalići
Borić
Kapela
1092
Plavča
Gornja Močila
Jezerane
Jama Balinka
Vodoteč
Jezero Begovac
940
Križpolje
Lipice
Tominčeva Draga
Visoki vrh
1125
Lička Jesenica
Bjeljevina
Sokolac
Brinje
Kita
1029
Saborsko
Prokike
Letinac
Mala Kapela
Kuselj
Velika Titra
1003
Brlog
Dabar
Klanac
Drenov Klanac
Javornik
Vrzići
Gacka
Plitvica
Crni Kal
Glavace
Plitvička jezera
Kompolje
Doljani
Fortica
Ledenjača
Otočac
Ponorl
Zalužnica
Prozor
Crna Vlast
Gornji Babin-Potok
Bijeli vrh
1335
Kuterevo
Lisina
1182
Karin grad
Ličko Lešće
Krasno Polje
Kosinjski vrh
1079
Trojan Grad
Turjanski
Krbava
Bočaj
Ramljani
Donji Kosinj
Mramornica
Čanak
Lipovo Polje
Kozjan
Kosa Janjačka
Studenci
Ruja
Zastitno podrucje
Kruščica
Kruščičko jezero
Šatorina
1624
0
9 km
© MERIAN-Kartographie

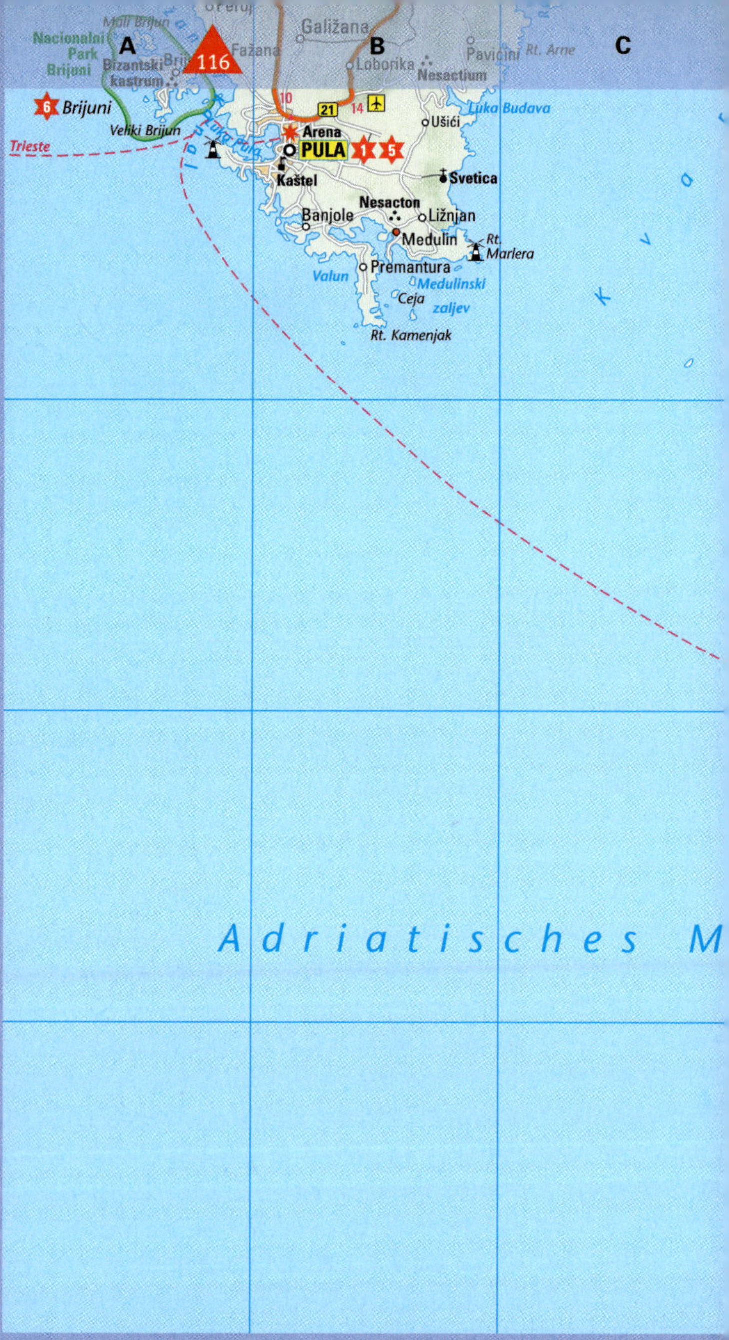
Nacionalni Park Brijuni
Mali Brijun
Fažana
Galižana
Loborika
Pavićini
Rt. Arne
Nesactium
Bizantski kastrum
Brijuni
Veliki Brijun
Trieste
Luka Pula
Arena
PULA
21
10
14
Ušići
Luka Budava
Kaštel
Svetica
Nesacton
Banjole
Ližnjan
Medulin
Rt. Marlera
Valun
Premantura
Medulinski zaljev
Ceja
Rt. Kamenjak
Adriatisches M
A
B
C
9
10
11
12

116

Pernat
Valun
Loznati
117
D
E
F
Senjska vrata
Sv. Grgur
Grgurov kanal
Prvić
Straža 356
10
7
Lubenice
Helm 483
Sv. Nikola
Vidovićio
Martinšćica
Štivan
Zeča
Ustrine
Orlec
Sv. Ivan
Cres
Sv. Šimun
Jelovica
Belej
Koromačna
Rt. Sv. Duh
Konfin 202
Sv. Mihovil
Osorski zaljev
Majka Božja
Osor
Marinska
Televrina 588
Sv. Nikola
Sv. Platona
Sv. Ivan
Trstenik
Punta Križa
8
Unije
Unije
Kalk 129
Unijski kanal
Sv. Jakov
Lošinjski kanal
Sv. Andrija
Pogana
Rt. Suha
Čunski
Vele-
Srakane
Male-
Lošinj
Oruda
Mali Lošinj
Veli Lošinj
Susak
Susak
Grgoscak 243
Vele-
Orjule
Male-
Ilovik
Ilovik
Kvarnerić
Rt. Sorinj
Sorinj 151
Lopar
Supetarska Draga
Rab
Kampor
Crkva
9
Sam.
Sv. Eufemija
Rab
Sv. Marija
118
Plava magistrala
Dolin
Mišnjak
Goli
Donja
Rt. Lun
Tovarnele
Dolfin
Pag
Gager
Gradac 130
Split, Zadar, Dubrovnik
9
10
11
12
er
Kvarnerička vrata
Vrh 90
Silba
Silba
Olipski kanal
Olib
Olib
Kalac 72
Sibanski kanal
Premuda
Premuda
90
Zadar
Premudska vrata
Ist
Škarda
Škarda
Ist
Molat
Zadar
0
9 km
N
© MERIAN-Kartographie

A
Ankaran ○ 116, B1
Arena ★ 120, B9
Autocamp Veštar ★ 116, B4

B
Baderna ○ 116, B3
Bajčić ○ 117, F3
Bakar ○ 117, F2
Bakarski zaljev ~ 117, F2
Bale ○ 116, B4
Balići ○ 116, C3
Banjole ○ 120, B9
Barat ○ 116, B3
Barban ○ 116, C4
Barbariga ○ 116, B4
Baška ○ 118, B7
Belej ○ 118, A8
Beli ○ 117, E3
Beram ○ 116, C3
Bijelagreda ▲ 118, C6
Bijeli vrh ▲ 119, D8
Bijelolasica ▲ 118, C5
Bitoraj ▲ 118, B5
Bizantski kastrum ★ 116, B4
Bjeljevina ○ 119, F7
Bočaj ★ 119, E8
Bokordići ○ 116, C4
Borić ○ 119, D6
Brce ○ 117, D1
Brest ○ 116, C1
Brest ○ 117, D2
Brestova Draga ○ 118, B5
Brestova ○ 117, D3
Breze ○ 118, C6
Brgudac ○ 117, D2
Brijun ○ 116, B4
Brijuni Δ 120, A9
Brinje ○ 119, D7
Brkini ▲ 116, C1
Brlog ○ 119, D7
Brovinje Koromačno ○ 117, D4
Brseč ○ 117, D3
Buje ○ 116, B2
Bukovagora ▲ 117, F1
Buzet ○ 116, C2

C
Carevo Polje ○ 119, E6
Ceja Δ 120, B9
Cerovica ○ 117, D4
Cerovlje ○ 116, C2
Cres Δ 118, A8
Cres ○ 117, E4
Crikvenica ○ 118, B6
Crkva ★ 118, B8
Crkvina ○ 119, F5
Crna Vlast ○ 119, F8
Crni Kal ○ 119, D7
Crni Lazi ○ 117, F1
Crveni Otok Δ 116, A4
Cvijanović-Brdo ○ 119, F6

D
Dabar ○ 119, E7
Debeli Rtič Δ 116, A1
Delnice ○ 118, B5
Devčići ○ 118, C8
Dimnice ★ 116, C1
Divšići ○ 116, C4
Dobra ~ 119, D5
Dobrinj ○ 117, F3
Dolfin Δ 121, F10
Dolin Δ 118, B8
Doljani ○ 119, E7
Donat ○ 116, C2
Donja Klada ○ 118, C8
Donji Kosinj ○ 119, E8
Donji Skrad ○ 119, F5
Dražice ○ 117, F2
Draga Baščanska ○ 118, B7
Dragonja ○ 116, B1
Draguć ○ 116, C2
Drežnica ○ 119, D6
Drenov Klanac ○ 119, D7
Dvigrad ★ 116, B3

F
Fažana ○ 116, B4
Fažanski Kanal ~ 116, B4
Fojba ★ 116, C3
Fortica ★ 119, E7
Frankokopanski kaštel ★ 118, B6
Fratar ▲ 117, F1
Fužine ○ 118, B5
Funtana ~ 116, A3
Funtana ○ 116, A3

G
Gablaka ▲ 119, D5
Gacka ~ 119, D7
Gager ○ 121, F10
Gajana ○ 116, B4
Galižana ○ 116, C4
Galun Δ 118, B7
Garići ○ 117, E2
Generalski Stol ○ 119, E5
Gerbujev ▲ 117, F4
Gerovo ○ 117, F1
Glavace ○ 119, E7
Glavani ○ 116, C4
Glavotok ○ 117, F3
Golaš ○ 116, B4
Goli Δ 118, C8
Golič ▲ 116, C1
Gomance ○ 117, E1
Gomirje ○ 119, D5
Gor. Jelenje ○ 117, F2
Gornja Močila ○ 119, F6
Gornji Babin-Potok ○ 119, F8
Gorski Kotar ▲ 117, E1
Gračišće ○ 116, C3
Gračišće ○ 116, C1
Grabrk ○ 119, E5
Gradišće ○ 117, D1
Gradina ○ 116, B3
Gradina ▲ 116, C3
Grdoselo ○ 116, C2
Grgoscak ▲ 121, E11
Grožnjan ○ 116, B2
Gromovača ▲ 118, C8

H
Haludovo ○ 117, F3
Harije ○ 117, D1
Helm ▲ 121, D9
Hreljići ○ 116, C4
Hrvatini ○ 116, C3
Hrvatski Blagaj ○ 119, F5
Hum ○ 117, D2
Hum ▲ 119, E6

I
Ičići ○ 117, E2
Ika ○ 117, E2
Ilirska Bistrica ○ 117, D1
Ilovik Δ 121, E11
Ilovik ○ 121, E11
Ist Δ 121, F12
Ist ○ 121, F12
Istarske Toplice ○ 116, C2
Istra Δ 116, B3
Izola ○ 116, B1

J
Jablanac ○ 118, C8
Jadranovo ○ 117, F3
Jama Balinka ★ 119, E6
Jama Grad ★ 116, C1
Jasenak ○ 118, C5
Javornica ○ 118, C6
Javornica ○ 119, E6
Javornik ○ 119, F7
Jelšane ○ 117, E1
Jelovica ★ 118, A8
Jezerane ○ 119, D6
Jezero Begovac ~ 119, E6
Jezero Butoniga ~ 116, C2
Josipdol ○ 119, E6
Juršići ○ 116, C4
Juricani ○ 116, A2

K
Kaštel ★ 116, B4
Kaštel ★ 120, B9
Kalk ▲ 121, D10
Kampor ○ 118, B8
Kanfanar ○ 116, B3
Kapela ▲ 119, D6
Karingrad ★ 119, E8
Karojba ○ 116, B2
Kastav ○ 117, E2
Katarina ○ 116, C3
Katedrala ★ 116, B4
Kita ▲ 119, E7
Klam ▲ 118, B7
Klana ○ 117, E1
Klek ★ 119, D5
Klenovica Žrnovica ○ 118, C6
Klimno ○ 117, F3
Ključ ★ 119, F5
Kneževdvor ★ 118, B6
Kožljak ★ 117, D3
Košljun ★ 117, F4
Komarica ▲ 119, D5
Kompolje ○ 119, D7
Konfin ▲ 118, A8
Koper ○ 116, B1
Koprski Zaliv ~ 116, B1
Korana ~ 119, F5
Kordun ▲ 119, F6
Kormati Δ 117, F4
Kornić ○ 117, F4
Koromačna ~ 118, A8
Kosa Janjačka ○ 119, F8
Kosanovići ○ 119, D5
Kosići ○ 116, B4
Kosinjski vrh ▲ 119, D8
Kozarin ○ 117, F3
Kozina ○ 116, C1
Kozjan ○ 119, F8
Kozlek ▲ 117, E1
Kršan ★ 117, D3
Kršan ○ 117, D3
Krčkizaljev ~ 117, F4
Kraljevica ○ 117, F2
Krasnica ○ 118, C6
Krasno Polje ○ 119, D8
Krbava ▲ 119, F8
Križpolje ○ 119, D7
Krivi Put ○ 118, C7
Krk Δ 118, B6
Krk ○ 117, F4
Krmed ○ 116, B3
Krnica ○ 116, C4
Kruščica ○ 119, E8
Kunić ○ 119, E6
Kunj ○ 117, D3
Kuselj ○ 119, F7
Kuterevo ○ 119, D8
Kvarner ~ 120, C9
Kvarnerička vrata ~ 121, E11

L
Labin ○ 117, D3
Labor ○ 116, B1
Lanterna ○ 116, A2
Ledenjača ★ 119, F7
Leme ▲ 116, B4
Letinac ○ 119, E7
Lička Jesenica ○ 119, F7
Ličko Lešće ○ 119, E8
Lič ○ 118, B5
Ližnjan ○ 120, B9
Lika ▲ 119, E8
Limski kanal ~ 116, A3
Lipice ○ 119, E7
Lipovo Polje ○ 119, E8
Lisina ▲ 119, F8
Lividraga ○ 117, F1
Lošinj Δ 121, E10
Lošinjski kanal ~ 121, E10
Loborika ○ 116, C4
Loka ○ 116, C1
Lokvarska špilja ★ 118, B5
Lokvarsko jezero ~ 118, B5
Lokve ○ 118, B5
Lokve ○ 119, D6
Lopar ○ 118, B8
Lovran ○ 117, E2
Lovreščina ★ 117, F4
Loznati ○ 117, F4
Lubenice ○ 121, D9
Lucija ○ 116, A1
Luka Budava ~ 120, B9
Luka Mirna ~ 116, A2
Luka Pula ~ 120, A9
Luka Rabac ~ 117, D4
Luka Črvar ~ 116, A2
Luka Veštar ~ 116, B4
Lukovo ○ 118, C8
Lupoglav ○ 117, D2

M
Majka Božja ★ 118, A8
Mala Kapela ▲ 119, E7
Male Mune ○ 117, D1
Male-Orjule Δ 121, E11
Male-Srakane Δ 121, D10
Mali Brijun Δ 116, B4
Mali Lošinj ○ 121, E10
Malinska ○ 117, F3
Manestri ○ 118, B6
Marčana ○ 116, C4
Marija Snježna ★ 118, B5
Marinska ○ 121, E10
Martinšćica ○ 121, D9
Martinčićović ○ 118, C5
Martinski ○ 117, D3
Medulin ○ 120, B9
Medulinski zaljev ~ 120, B9
Medveja ○ 117, E2
Meja-Gaj ○ 117, F2
Melnice ○ 118, C7
Merag ○ 117, F4
Meravić ○ 119, D6
Mišnjak ○ 118, C8
Mirna ~ 116, C2
Mirna Quieto ~ 116, A2
Mošćenička Draga ○ 117, E3
Mošćenice ○ 117, E3
Mošune ○ 118, C6
Modrus ○ 119, E6
Momjan ○ 116, B2
Most Krk ★ 117, F2
Motovun ○ 116, B2
Mramornica ○ 119, D8
Mrežnica ~ 119, E5
Mrkopalj ○ 118, C5
Múggia ○ 116, B1
Munjava ○ 119, E6
Muntrilj ○ 116, B3

N
Nacionalni Park Brijuni ☆ 116, B4
Nacionalni Park Risnjak ☆ 117, F1
Negre ★ 116, B4
Nehaj ★ 118, C7
Nesactium ★ 116, C4
Nesacton ★ 120, B9
Netermjak ▲ 118, B6
Nikšić ○ 119, F6
Njivice ○ 117, F3
Nova Vas ○ 116, A2
Nova Vas ○ 116, B3
Novi Kanal ~ 116, B2
Novi Vinodolski ○ 118, B6
Novigrad ○ 116, A2

O

Oštarije ❍ 119, E5
Oštri ▲ 117, D4
Ogulin ❍ 119, D5
Okroglina ❍ 117, E1
Okruglica ❍ 119, D5
Olib Δ 121, F11
Olib ❍ 121, F11
Olipski kanal ~ 121, F11
Oltari ❍ 118, C7
Omišalj ❍ 117, F3
Opatija ❍ 117, E2
Orlec ❍ 118, A8
Oruda Δ 121, E10
Osor ❍ 121, D10
Osorski zaljev ~ 121, D9
Osp ❍ 116, B1
Otočac ❍ 119, E7

P

Padna ❍ 116, B1
Pag Δ 121, F10
Pavičini ❍ 116, C4
Paz ❍ 117, D2
Pazin ❍ 116, C3
Pečin ★ 116, A2
Perjasica ❍ 119, F5
Pernat ❍ 117, E4
Peroj ❍ 116, B4
Petar ❍ 117, E3
Piran ❍ 116, A1
Piranski Zaliv ~ 116, A1
Plaški ❍ 119, E6
Planina ▲ 119, D7
Plavča ❍ 119, E6
Plava Laguna ❍ 116, A3
Plava magistrala ★ 118, B8
Plavnik Δ 117, F4
Plitvička jezera ~ 119, F7
Plitvica ❍ 119, F7
Plomin ❍ 117, D3
Podgorje ▲ 118, C7
Podgorski Kras ▲ 116, C1
Podgrad ❍ 117, D1
Podhum ❍ 117, F2
Podstražica ❍ 118, B7
Pogana ❍ 121, E10
Poljane ❍ 117, D1
Ponori ❍ 119, D7
Popovića vrh ▲ 119, F6
Porat ❍ 117, F3
Poreč ❍ 116, A3
Porozina ❍ 117, E3
Portorož ❍ 116, A1
Potok Tounjski ❍ 119, E5
Prešnica ❍ 116, C1
Predoščica ❍ 117, E4
Premantura ❍ 120, B9
Premuda Δ 121, F11
Premuda ❍ 121, F12
Primišlje ❍ 119, F6
Prokike ❍ 119, D7
Prolog ▲ 118, C7
Prozor ❍ 119, E8
Prvić Δ 118, C7
Puži ❍ 117, E2
Pula ❍ 120, B9
Punat ❍ 118, B7
Punta Križa ❍ 121, E10
Purgarija Čepi ❍ 117, D3

R

Ržišće ❍ 117, D3
Raša ~ 117, D3
Raša ❍ 117, D3
Račja Vas ❍ 117, D2
Raška Draga ▲ 116, C3
Raški zaljev ~ 117, D4
Rab Δ 118, B8
Rab ❍ 118, B8
Rabac ❍ 117, D3
Rakalj ❍ 117, D4
Rakotule ❍ 116, B2
Ramljani ❍ 119, F8
Rapain Klanac ❍ 119, D7
Ravna Gora ❍ 118, C5
Ravno ❍ 118, B5
Reka ~ 117, E1
Reparac ❍ 116, C2
Riječki zaljev ~ 117, E2
Rijeka ❍ 117, F2
Rimski zid ★ 117, E1
Riviera ~ 116, A2
Roč ❍ 116, C2
Rom. Kastell ★ 116, A3
Rovinj ❍ 116, B4
Rovinjsko Selo ❍ 116, B3
Rt. Arne Δ 117, D4
Rt. Crna Punta Δ 117, D4
Rt. Glavina Δ 118, B6
Rt. Kamenjak Δ 120, B9
Rt. Lun Δ 118, B8
Rt. Mašnjak Δ 117, D3
Rt. Marlera Δ 120, B9
Rt. Pelova Δ 117, F3
Rt. Pernat Δ 117, E4
Rt. Rebica Δ 118, B7
Rt. Savudrija Δ 116, A1
Rt. Sorinj Δ 118, B8
Rt. Suha Δ 121, E10
Rt. Sv. Duh Δ 118, A8
Rt. Tokal Δ 118, B6
Ruševo Krmpotsko ❍ 118, C6
Rudine ❍ 117, F3
Ruja ❍ 119, D8
Rupa ❍ 117, E1

S

S.-Kozica ❍ 118, C6
Saborsko ❍ 119, F7
Sam. Sv. Eufemija ★ 118, B8
Savudrija ❍ 116, A1
Seget ★ 116, A2
Selce ❍ 118, B6
Senj ❍ 116, C2
Senj ❍ 118, C7
Senjskavrata ~ 118, B7
Senjskobilo ▲ 118, C7
Siča ❍ 118, C8
Sibanski kanal ~ 121, F11
Sidrište Malinska ~ 117, F3
Silba Δ 121, F11
Silba ❍ 121, F11
Sis ▲ 117, E3
Sisol ▲ 117, D3
Skočići ❍ 119, E5
Skrad ★ 119, F5
Skrbčići ❍ 117, F4
Slavnik ▲ 116, C1
Slunj ❍ 119, F6
Smolnik ▲ 118, C5
Sočerga ❍ 116, C1
Sošići ❍ 116, B3
Socerb ★ 116, C1
Sokolac ★ 119, D7
Sorinj ▲ 118, B8
Spilja Vrelo ★ 118, B5
Srednja vrata ~ 117, E3
Stalak ❍ 118, C6
Stara Baška ❍ 118, B7
Stari Laz ❍ 118, C5
Stari Tar ★ 116, A2
Stinica ❍ 118, C8
Straža ▲ 118, B7
Strmac ❍ 117, D3
Studenci ❍ 119, E8
Sušak ❍ 117, E1
Sužan ❍ 117, F3
Suhi vhr ▲ 117, F2
Supetarska Draga ❍ 118, B8
Supotski slap ★ 116, B1
Susak Δ 121, D11
Susak ❍ 121, D11
Sv. Andrija ★ 121, E10
Sv. Anna ★ 116, A2
Sv. Bartolomej ★ 117, D3
Sv. Blaž ★ 116, C4
Sv. Cecilija ★ 116, C4
Sv. Damjan ★ 116, B4
Sv. Feliks ★ 116, A3
Sv. Grgur Δ 118, B7
Sv. Grgurov kanal ~ 118, B7
Sv. Ivan ★ 116, A1
Sv. Ivan ★ 118, A8
Sv. Ivan ★ 121, E10
Sv. Jakob ★ 116, B4
Sv. Jakov ❍ 121, D10
Sv. Juraj ★ 116, A2
Sv. Juraj ❍ 118, C7
Sv. Katarina ★ 116, C3
Sv. Krševan ★ 117, F3
Sv. Kvirin ★ 116, C4
Sv. Lovreč/Paz. ❍ 116, B3
Sv. Lucija ★ 118, B7
Sv. Magdelena ★ 116, C3
Sv. Marija ★ 118, B8
Sv. Marijana Škriljinama ★ 116, C3
Sv. Marko Δ 117, F2
Sv. Martin ★ 116, B3
Sv. Miće ★ 117, F4
Sv. Mihovil ★ 116, B3
Sv. Mihovil ★ 118, A8
Sv. Nikola Δ 116, A3
Sv. Nikola ★ 116, B4
Sv. Nikola ★ 121, D10
Sv. Nikola ★ 121, D9
Sv. Petaru Šumi ❍ 116, C3
Sv. Platona ★ 121, E10
Sv. Šimun ★ 118, A8
Sv. Spas ★ 118, C7
Sv. Vid ★ 117, F4
Sveta Agata ★ 116, C3
Svetica ★ 120, B9
Svetvinćenat ❍ 116, C3

T

Tar ❍ 116, A2
Tatre ❍ 117, D1
Televrina ▲ 121, D10
Tenkapunta Δ 117, F3
Tinjan ❍ 116, B3
Tisovac ▲ 117, F2
Tobolić ❍ 119, F6
Tominčeva Draga ❍ 119, E7
Toranj ★ 116, B4
Tovarnele ❍ 121, F10
Tršće ❍ 117, F1
Tržić Tounjski ❍ 119, E6
Trget ❍ 117, D4
Trošmarija ❍ 119, E5
Trojan Grad ★ 119, F8
Trstenik Δ 121, E10
Trstenik ❍ 117, F1
Turanj ★ 117, D4
Turjanski ❍ 119, F8

U

Ušići ❍ 120, B9
Učka ▲ 117, D3
Učka-Tunnel ★ 117, D2
Umag ❍ 116, A2
Unije Δ 121, D10
Unije ❍ 121, D10
Ustrine ❍ 121, D9

V

V. Repavac ▲ 116, B2
V. Snežnik ▲ 117, D1
V. Snežnik ▲ 117, E1
Valbiska ❍ 117, F4
Valica ❍ 116, A1
Valun ~ 117, E4
Valun ❍ 117, E4
Vanganel ❍ 116, B1
Vela Učka ❍ 117, D2
Vele-Orjule Δ 121, E11
Vele-Srakane Δ 121, D10
Velebitski botanički vrt ★ 118, C8
Velebitski kanal ~ 118, B7
Veli Breg ▲ 116, C3
Veli Lošinj ❍ 121, E11
Veli Maj ❍ 116, A3
Velibok ~ 117, E4
Velika Kapela ▲ 118, C5
Velika Titra ▲ 119, F7
Veliki Brijun Δ 120, A9
Veljun ❍ 119, F5
Veprinac ❍ 117, E2
Vižinada ❍ 116, B2
Višnjan ❍ 116, B2
Višnjić Brdo ❍ 119, E5
Vidovići ❍ 121, D9
Vinodol ▲ 118, B5
Visoki vrh ▲ 119, E7
Vitunj ❍ 119, D5
Vlaka ❍ 118, C8
Vodice ❍ 116, C1
Vodice ❍ 117, E4
Vodnjan ❍ 116, C4
Vodoteč ❍ 119, D6
Volosko ❍ 117, E2
Voz ❍ 117, F3
Vozilići ❍ 117, D3
Vršar ❍ 116, A3
Vranja ❍ 117, D2
Vrbnik ❍ 118, B6
Vrbovsko ❍ 119, D5
Vrelo ❍ 118, C5
Vrh ▲ 121, F11
Vrzići ❍ 119, D7
Vučjak ▲ 118, C8
Vukelić ❍ 119, D6

Z

Zagorje ❍ 119, F5
Zalužnica ❍ 119, E7
Zastitno podrucje ▲ 119, D8
Zavratnica ★ 118, C8
Zeča Δ 121, D9
Zlobin ❍ 118, B5
Zvoneće ❍ 117, E2

Č

Čanak ❍ 119, F8
Čavle ❍ 117, F2
Čicarija ▲ 117, D1
Čunski ❍ 121, E10

Š

Šembije ❍ 117, D1
Šepići ❍ 117, F3
Šija ▲ 117, D2
Šilo ❍ 118, B6
Škalići ❍ 119, D6
Škalnica ❍ 117, E1
Škarda ❍ 121, F12
Škropeti ❍ 116, B2
Špadići ❍ 116, A3
Špic Fiorini ❍ 116, A2
Štalije ❍ 117, D4
Štivan ❍ 121, D9
Šušnjevica ❍ 117, D3
Šumber ❍ 117, D3

Ž

Žankanajama ★ 117, D1
Žbandaj ❍ 116, B3
Žminj ❍ 116, C3
Žnidovac ❍ 119, D5
Žrnovnica ❍ 118, C7

Zeichenerklärung
❍ Orte
Δ Kap, Insel
▲ Gebirge
~ Gewässer, Strand
★ Sehenswürdigkeit
☆ Nationalpark

Hier finden Sie alphabetisch aufgeführt alle in diesem Band beschriebenen Orte und Ziele, Routen und Touren. Bei einzelnen Sehenswürdigkeiten steht jeweils der dazugehörige Ort in Klammern, bei Hotels steht zusätzlich die Abkürzung H für Hotel. Außerdem enthält das Register wichtige Stichworte sowie alle MERIAN-Tipps und TopTen des Reiseführers. Wird ein Begriff mehrfach aufgeführt, so verweist die **fett gedruckte** Zahl auf die Hauptnennung.

A

Adria-Relax- & Spa-Resort Miramar (H, Opatija) 68
Agrotourismus 29, 52
Agroturizam Kotlić (H, Roc) 39
Alhambra (H, Mali Lošinj) 81
Altstadt von Krk 84
Altstadt von Rab (MERIAN-TopTen) **88**, 96
Altstadt von Rovinj (MERIAN-TopTen) 47
Amphitheater (Pula, MERIAN-TopTen) 60
Angelo d'Oro (H, Rovinj) 48
Anreise 106
Aparthotel Isabela (H, Poreč) 34
Apartments Vila Valdibora (H, Rovinj) 49
Apollo (H, Rabac) 64
Aquarium (Poreč) 37
Aquarium (Pula) 61
Aquarium (Rovinj) 50
Archäologisches Museum (Cres) 77
Archäologisches Museum (Osor) 79
Archäologisches Museum (Pula) 62
Artatore (Mali Lošinj) 81
Auf einen Blick 106
Auskunft 107
Autocamp Bijar (H, Osor) 79
Autocamp Moščenička Draga (H) 72
Autocamp Pila (H, Punat) 86
Autocamp San Marino (H, Rab) 88
Autocamp Slatina (H, Martinšćica) 78
Autocamp Veštar (H, Rovinj) 49
Autocamp Zablaće (H, Baška) 82
Autocamping Ježevac (H, Krk) 84

B

Baldarin Punta Križa (H, Osor) 78
Baldarin-Bucht 78
Bale 53
Banjol (Rovinj) 48
Banjol (Rab) 87
Barbat 87
Baška 27, **82**, 96
Beli 27, **76**, 95
Beli Kamik (H, Njivice) 85
Beram 54, **94**
Bevölkerung 107
Bijar-Bucht 78
Blaue Grotte 77
Brestova 95
Brijuni-Inseln (MERIAN-TopTen) 63
Brajdi (H, Beli) 76
Brseč 62
Brtonigla 39
Buchtipps 108
Buje **39**, 92
Buzet **40**, 92

C

Camping 14, 29, **108**
Camping Stupice (H, Medulin) 64
Camping Kačjak (H, Crikvenica) 70
Caput Insulae (Beli) 76
Castrum Chlom 93
Cittar (H, Novigrad) 43
Corinthia (H, Baška) 82
Corrado (Mali Lošinj) 81
Cres **75**, 95
Cres-Stadt 76
Crikvenica 69
Crveni otok (Rovinj) 49

D

Diplomatische Vertretungen 108
Draguč 93
Dutyfree-Shopping (MERIAN-Tipp) 21
Dvigrad 54

E

Einkaufen 20
Entfernungen 113
Essdolmetscher 104
Essen und Trinken 16
Euphrasius-Basilika (Poreč, MERIAN-TopTen) 35
Events 22
Excelsior (H, Lovran) 71

F

Fahrrad 25
Familientipps 28
Fažana 63
Feiertage 109
Ferienwohnungen 14
Fernsehen 109
Feste 22
FKK 109
Fotografieren 109
Funtana 40

G

Galijot (H, Poreč) 34
Geld 110
Geschichte 100
Glagoliterallee 93
Glavotok 84
Golf 25
Goli Vrh (H, Umag) 29
Gostionica Palàc (H, Valun) 80
Grand Hotel Bonavia (H, Rijeka) 73
Grožnjan (MERIAN-TopTen) **40**, 92

H

Heimatmuseum (Poreč) 37
Heimatmuseum (Rovinj) 51
Höhle des hl. Gaudentius 97
Höhle von Pazin 93
Höhlen von Baredine 29
Hotelzentrum Insel Brijuni (H) 63
Humsaka Konoba (Hum, MERIAN-TopTen) 92
Hum 92

I

Ičići 70
Internet 110
Istarske Toplice 92
Istra (H, Rovinj) 48

J

Jablanac 96
Jerolim 63
Jugendherbergen 14
Jurandvor 82

K

Kamenjak 64
Kampor 87
Kanfanar (Jakovlja) 23
Kanfanar 55
Karneval 23
Kaštel (H, Crikvenica) 70
Kaštel (H, Motovun) 43
Katoro 44
Kimen (H, Cres) 76
Kinder 28
Kirchenkonzerte in Poreč (MERIAN-Tipp) 34
Kleidung 111
Klimno 86
Konoba Toklarija (Buzet, MERIAN-TopTen) 92
Koralj (H, Krk) 84
Kredo (H, Mali Lošinj) 81
Kreuzfahrten 52
Krk **82**, 96
Krk-Stadt 84
Kunst 21
Kurztrip in die Sonne (MERIAN-Tipp) 73
Kvarner-Amalia (H, Opatija) 68

L

Labin 63
Limski Fjord 54
Livade **42**, 92
Lopar 27, **87**, 96
Lošinj 81
Lovran 70
Lubenice (MERIAN-TopTen) 27, **77**
Lubenice am Abend (MERIAN-Tipp) 77
Lungomare 27, **68**, 70, 73

M

Malinska 84
Mali Lošinj **81**, 95
Märkte 19, 21
Martinšćica 27, **78**
Maskin 47
Medizinische Versorgung 111
Medulin 64
Meduliner Nacht 23
Medveja 27
Merag 96
Millennium (H, Opatija) 68
Mišnjak 96
Mošćenička Draga 71
Motel Lovac (H, Pazin) 94
Motovun **42**, 92
Museum für Sakrale Kunst (Rab) 88

N

Naturist Centar Ulika (H, Poreč) 34
Nebenkosten 109
Nerezine **81**, 97
Njivice85
Notruf 111
Novigrad 43
Nudo-Camp Kažela (H, Medulin) 64

O

Olivenöl (MERIAN-Tipp) 17
Opatija 67
Oraj (H, Lovran) 70
Osor **78**, 97

P

Padova (H, Rab) 88
Paradies-Hotelinsel Katarina (Rovinj) 48
Paradiso 27, 87
Parentium (H, Poreč) 34

Park Punat (H, Punat) 85
Pazin **54**, 93
Pension Osor (H, Osor) 79
Pineta (H, Labin) 29
Plava Laguna 33
Politik 111
Poljanice (H, Cerovlje) 39
Pomer 64
Porat 84
Poreč **33**, 92
Porozina 75, 95
Post 112
Premantura 59
Privatzimmer 13
Pula 59, 95
Punat 85
Punta 44
Punta Kriza (MERIAN-TopTen) 27, **78**, 95

R

Rab **86**, 96
Rabac 64
Radfahren 25
Radtouren (MERIAN-Tipp) 25
Reisedokumente 112
Reiseknigge 112
Reisewetter 112
Religion 112
Restaurants in Pula (MERIAN-TopTen) 17, 62
Revera 48
Rijeka 72
Riviera (H, Pula) 59
Romualdos-Grotte 54
Rote Insel (Rovinj) 49
Routen 92, 95, 97
Rovenska 81
Rovinj **47**, 94
Rundfunk 112

S

San Marino (H, Rab) 88
San Rocco (H, Brtonigla) 39
Scaletta (H, Pula) 59
Segeln 25
Silo 86
Slatine 78
Slavija Marina (H, Malinska) 84
Sol Umag (H, Umag) 44
Spinovci (H, Rakotole) 29
Sport 24
Sprache 112
Sprachführer 102
Stancija Agroturizam Volpija (H, Buje) 39
Stancija Mamu (H, Rovinj) 49
Stella Maris 44
Stephania (H, Susak 82)
Strände 24, 27
Stromspannung 113
Sturag 48
Supetarska Draga 87
Susak 82
Sv. Andrija (Rovinj) 47, **49**
Sv. Eufemija (Rovinj) 49
Sv. Katarina 47
Svetvinćenat 54

T

Tag des Weinkellers 23
Tauchen 26
Telefon 113
Televrina 97
Tennis 26
Tiere 113
Tikel Agroturizam (H, Motovun) 43
Touren 92, 95, 97
Tramuntana (H, Beli) 76
Trg Marafor (Poreč) 36
Trg Republike (Pula) 60
Triumphbogen (Pula) 61
Trüffel (MERIAN-Tipp) 38
Trüffel 18, 21

U

Übernachten 12
Übernachten in Leuchttürmen (MERIAN-Tipp) 13
Učka-Gebirge 27, 66, 70
Umag 44
Unije 82
Urlaub auf dem Bauernhof 14
Urlaub auf dem Lande (MERIAN-Tipp) **52**, 28
Ustrine **79**, 95

V

Valalta 48
Valbiska 96
Valsabbion (H, Pula) 59
Valun 80, 95
Veli Lošinj 81
Verkehrsverbindungen 113
Verudela 59
Villa Angiolina (Opatija) 69
Višnjan 92
Vodnjan 65
Volosko 73
Vrbnik 86
Vrsar 27, **45**, 94

W

Wandern 26
Wechselkurse 109
Wein (MERIAN-Spezial) 19, 21, **56**
Weinstraßen 56
Wellness-Welle (MERIAN-Tipp) 44
Wirtschaft 114

Z

Zdovice (H, Valun) 80
Žminj 55
Zeitungen 114
Zelena Laguna 27, **33**
Zlatni rt (Rovinj) 27, 48, **50**
Zoll 114

Liebe Leserinnen und Leser,
wir freuen uns, Ihre Meinung zu diesem Reiseführer zu erfahren. Bitte schreiben Sie uns, wenn Sie Berichtigungen und Ergänzungsvorschläge haben oder wenn Ihnen etwas besonders gut gefällt:

TRAVEL HOUSE MEDIA GmbH, Postfach 86 03 66, 81630 München
E-Mail: merian-live@travel-house-media.de Internet: www.merian.de

DER AUTOR
Diesen Reiseführer schrieb **Peter Hinze**, Jahrgang 1958. Er arbeitet nach dem Studium der Kommunikationswissenschaft als freier Autor und Fotograf für zahlreiche Zeitschriften und Buchverlage. Seit 1992 ist er als Redakteur beim Nachrichtenmagazin Focus in München tätig.

Alle Angaben in diesem Reiseführer sind gewissenhaft geprüft. Preise, Öffnungszeiten usw. können sich aber schnell ändern. Für eventuelle Fehler übernimmt der Verlag keine Haftung.

Bei Interesse an Karten aus MERIAN-Reiseführern schreiben Sie bitte an:
iPUBLISH GmbH, geomatics
Berg-am-Laim-Straße 47
81673 München
E-Mail: geomatics@ipublish.de

FOTOS
Titelbild: Rovinj (P. Hinze);
alle übrigen Fotos P. Hinze außer Bildagentur Huber 16; R. Freyer 7, 22, 27, 41, 42, 45, 46, 48, 56, 58, 65, 71, 72, 80, 90/91, 95, 98/99, 108, 110; Michael Merkle/Travel Press 18, 19, 93; J. Scholten 4/5, 10/11, 30/31, 55, 68; T. Stankiewicz 26, 28, 32, 53, 62

PROGRAMMLEITUNG
Susanne Böttcher
REDAKTION
Ewald Tange für bookwise, München
GESTALTUNG
wieschendorf.design, Berlin
KARTEN
MERIAN-Kartographie
PRODUKTION
Martina Müller
SATZ
bookwise, München
DRUCK
Appl, Wemding
BINDUNG
Auer, Donauwörth
GEDRUCKT AUF
Luxosamtoffset von Schneidersöhne

1. Auflage
ISBN 3-7742-7425-8

TRAVEL HOUSE MEDIA

Ein Unternehmen der
GANSKE VERLAGSGRUPPE